籠球五輪

バスケットボール・オリンピック物語

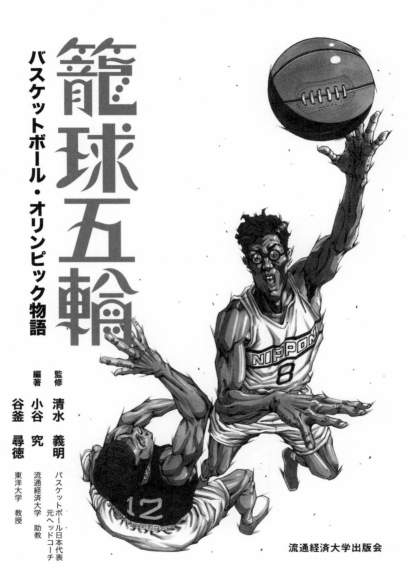

監修　清水　義明　バスケットボール日本代表　元ヘッドコーチ

編著　小谷　究　流通経済大学　助教

谷釜　尋徳　東洋大学　教授

流通経済大学出版会

目　次

まえがき

バスケットボール日本代表 元ヘッドコーチ　清水義明

　2019年3月、FIBA（国際バスケットボール連盟）の総会において、日本に2020年東京オリンピックの開催国枠が与えられることが決まり、日本中のバスケットボールファンが歓喜に沸いた。すでに世界の強豪と肩を並べる女子代表はともかく、男子代表にとっては1976年のモントリオールオリンピック以来、44年ぶりのオリンピックの舞台である。

　さらに6月には、アメリカに渡った八村塁がNBAドラフトで日本人初となる1巡目の指名（全体9位）を受け、東京オリンピック出場との相乗効果で、国民の視線が一気にバスケットボールへと注がれたことは記憶に新しい。4シーズン目を迎えたBリーグの人気も好調で、NBAやBリーグ、そして日本代表のゲームを観戦・視聴する人の増加は止まるところを知らない。サッカー界がそうであったように、バスケットボール界も日本人プレーヤー、そして日本代表チームが世界への扉をこじ開けたことで、かつてないほどの熱気を帯びつつある。

　2020年の東京オリンピック期間中には、日本代表のバスケットボールを多くの人が観戦・視聴し、大いに楽しんでほしい。そこにさらなる"深み"を持たせる方法がある。それは、オリンピックにおけるバスケットボール日本代表の歴史を知ることである。

　バスケットボールは1891年12月にアメリカ・マサチューセッツ州スプリングフィールドの国際YMCAトレーニングスクールのジェームズ・ネイスミスによって考案された。以後、この"ニュー・スポーツ"は瞬く間に全世界へと普及し、1936年に開催されたベルリンオリンピックで早くも正式種目（男子のみ）として採用されている。この時、日本もバ

スケットボールの選手団を派遣し、バスケットボールとオリンピックが織り成す物語の1ページ目に立ち会っていた事実は感慨深い。戦後、日本はメルボルンオリンピック（1956）とローマオリンピック（1960）にバスケットボールの選手団を派遣した。1964年には自国、東京にてオリンピックを開催し、バスケットボール史における画期を刻んだ。さらには、ミュンヘンオリンピック（1972）、モントリオールオリンピック（1976）に連続出場を果たすも、そこから44年間はオリンピックの晴れ舞台に日本の男子代表の姿はなかった。

だからといって、およそ半世紀にも届こうとする長い間、日本のバスケットボール界が何もしてこなかったということは断じてない。その時々のプレーヤー、コーチ、協会関係者は、できる限りの精一杯を尽くし、オリンピックでの躍進を思い描いて世界と戦い続けてきたのである。この間に男子日本代表のヘッドコーチを務めた私も同様である。それは、バスケットボールが日本に伝来し、その競技形態より"籠球"と称されていた頃から変わらぬ精神であった。だから、本書は『籠球五輪』と命名されている。

かつての日本代表の軌跡を知れば、2020年東京オリンピックの日本代表をより深みを持って見ることができるであろう。ひとたび過去にタイムスリップすれば、先人たちの積み重ねの上に今の日本代表が足場を築いていることが理解できるはずである。もちろん、日本代表の歴史に触れ、過去のバスケットボールについて思いを巡らせることだけでも、ロマン溢れる時間を過ごすことができるだろう。

本書は、1936年のベルリンから1964年の東京までのオリンピックにおける日本代表とその前後の概要を紹介するもので、オリンピックを切り口に日本のバスケットボール史を語った本邦初の試みである。もちろん、本書の内容をもって日本のバスケットボール史のすべてが把握できるわけではない。しかし、本書を読み終えたとき、読者の前にはバスケットボールのよりディープな世界が立ち現れているはずである。どうか、ぜひ、われわれとともにその世界を体験していただきたい。

第1章

ベルリンオリンピック以前の
日本のバスケットボール

（執筆責任者：小谷　究）

1．バスケットボールの誕生と日本への導入

　バスケットボールは、1891（明治24）年12月にアメリカ・マサチューセッツ州スプリングフィールドの国際 YMCA トレーニング・スクールにおいて James Naismith（写真1）によって創始された[1]。その後、この競技はまず全米各地の YMCA を通して普及していき[2]、全米の高校や大学へと広がり、男子だけでなく女子も楽しめる競技として歓迎された。すると激しいプレーや危険なプレーを防止するため、スミス・カレッジの Senda Berenson らによってより安全に修正された女子ルールが作成され[3]、バスケットボールのさらなる普及を後押しした。

　日本におけるバスケットボールの導入については、まず、石川源三郎にふれておく必要がある。彼は、上述した国際 YMCA トレーニング・スクールの卒業生であり、しかも、1891（明治24）年12月21日にバスケットボールを初めてプレーした18人の学生のうちのひとりであった。したがって、石川はバスケット

写真1．James Naismith
Courtesy of Springfield College

1

ボールをプレーした最初の日本人であるが[4]、青壮年時代を外国で生活したため、彼が日本へバスケットボールを移入することはなかった[5]。

　バスケットボールの日本への最初の移入時期については、明治期に遡って考えるのが妥当であろう。明治期に発行された新聞、雑誌、校友会誌等によってバスケットボールが行われた事実を知ることができるからである。移入当初、日本で行われていたバスケットボールは女子ルールによるものであった。日本に女子バスケットボールが移入されたのは、1894（明治27）年、梅花女学校校長を務めていた成瀬仁蔵の手による[6]。しかしながら、成瀬が導入した女子バスケットボールは「球籠」遊戯と称されたように Basket Ball を直訳した「籠球」ではなく、原語にみられない「遊戯」が追加されている点から日本の実情に即して改良（もしくは考案）されたものと考えられている[7]。そのため、日本に本格的なバスケットボールをもたらしたのは大森兵蔵（写真 2 ）であるとするのが今日の定説となっている。

　大森は1909（明治42）年に国際 YMCA トレーニング・スクールを卒業して帰国し、日本においてバスケットボールを指導した。けれども、

写真 2 ．大森兵蔵
Courtesy of Springfield College

当時のわが国の体育・スポーツ界は大森がアメリカから持ち帰ってきたバスケットボールをまだ、十分に受けとめ得る状態ではなかったといわれる。その後、1912（明治45）年のストックホルムオリンピックに監督として同行した大森は、帰国することなく肺結核により1913（大正 2 ）年に客死した。発祥の地でバスケットボールを学んできた大森が他界したことで、日本に播かれたバスケットボールの種は芽が育たないまま土中に埋もれてしまった[8]。

　今日までのわが国におけるバスケット

ボールの歩みを顧みると、これらの人びとの貢献に対してはそれなりの評価がなされてしかるべきといえるが、本格的な伝播と定着という意味では、1913（大正2）年、日本YMCA同盟の体育事業専門主事の派遣要請に応え、アメリカから来日したFranklin H. Brownを忘れることはできない[9]。1913（大正2）年に来日したブラウンは、1915（大正4）年に神戸YMCAに着任し、ここを拠点として関西地区の各YMCAでバスケットボールの指導にあたった。その後ブラウンは、1917（大正6）年に芝浦で開催された第3回極東選手権競技大会のバスケットボール種目への日本チームの参加を強く提言し、京都YMCAの出場を実現させている[10]。この大会には、日本、フィリピン、中国（支那）の3国が参加し、バスケットボール種目はフィリピン2勝、中国1勝1敗、日本2敗という結果に終わった[11]。

　しかしながら、極東大会への参加を果たしたバスケットボールは当時、これを機に向上へ向かうほどのスポーツ人口や、学校における基盤をもたなかったため、その後もしばらくはYMCAのスポーツとして終始することとなった[12]。1917（大正6）年以降、ブラウンは東京YMCAにおいてバスケットボールを指導した[13]。ブラウンの指導した東京YMCAは、1918（大正7）年開催のYMCA第1回体育部大会に優勝すると[14]、1921（大正10）年開催の第1回全日本選手権大会から1923（大正12）年開催の第3回大会において3連覇を成し遂げた[15]。さらに、1921（大正10）年開催の第5回極東選手権競技大会と1923（大正12）年開催の第6回極東選手権競技大会には東京YMCAが日本代表として出場した（1919（大正8）年開催の第4回極東選手権競技大会にバスケットボールは参加しなかった）[16]。しかしながら、第5回大会のバスケットボール種目では中国2勝、フィリピン1勝1敗、日本2敗[17]、第6回大会ではフィリピン2勝、中国1勝1敗、日本2敗という結果に終わっており[18]、日本のバスケットボールは国際大会で勝つことができないでいた。ともあれ、競技移入当初のバスケットボールはYMCAを中心に展開され、1917（大正6）年以降は東京YMCAのチームが黄金時代を築いていた。

２．大学におけるバスケットボールの開始

　1918（大正７）年頃の日本では YMCA や旧制中学校[19]、女学校の一部のみでバスケットボールが実施されており、大学では実施されていなかった。しかしながら、後に大学でバスケットボールをはじめる者達がこの時期に東京 YMCA や旧制中学校においてバスケットボールに触れていた。東京 YMCA では、後に立教大学においてバスケットボールをはじめた野村憲夫や[20]、慶應義塾大学においてリーダーとしてバスケットボールをはじめた石橋賢三や神田眞輔がバスケットボールに触れていた[21]。また、慶應義塾大学でバスケットボールをはじめた尾沢金一、小森一雄らは旧制中学校においてバスケットボールに触れていた[22]。さらに、浅野延秋も旧制中学校においてバスケットボールに触れ、早稲田大学においてバスケットボールをはじめた[23]。このように、大学におけるバスケットボールの源流には東京 YMCA や旧制中学校のバスケットボールがあった。

　東京 YMCA や旧制中学校でバスケットボールに触れた者達は、その後、大学でバスケットボールを実施するようになった。成城中学でバスケットボールを経験した浅野は、1920（大正９）年に旧制早稲田大学高等学院（大学予科）へ入学し、バスケットボールを始めた。浅野によると旧制早稲田大学高等学院（大学予科）の校庭の片隅にはバスケットボールのゴールが設置されており、浅野と同じクラスに多少経験のある者が居たので２人でボールを工面し課業の休み時間等に校庭の隅の方でシュート打っていると、４、５人ほど集まってきて、1921（大正10）年の６月末にはメンバーも14、５人になり、チームらしいものもできて練習ゲーム等もできるまでになったという[24]。

　立教大学は1918（大正７）年に築地から池袋へと移転したが、池袋には校舎より立派な体育館が設置され、学生の話題となっていた。しかし、どうしたことか室内の設備がその後２、３年手がつけられずにいたので、当時、予科生であった野村憲夫らが設備完成の運動に尽くし、ようやく

1921（大正10）年9月初旬に完成し、野村を中心に競技部の有志5、6名が集まって練習を始めた[25]。

1921（大正10）年には、慶應義塾大学においてもバスケットボールが実施されるようになったが、バスケットボールが好きな素人が暇つぶしに行っている程度のものであった[26]。

東京商科大学（現一橋大学）では1923（大正12）年の創部以前に、同好の者が集まって後にバスケットボール部の母体となる小さなクラブをつくっていた[27]。また、明治大学では1924（大正13）年に妹尾堅吉が陸上部の友人と学生でYMCAの個人メンバーになっている者らを10人ぐらい勧誘してバスケットボールが始められた[28]。このように、日本では1920（大正9）年頃から大学においてバスケットボールが実施されるようになった。

3. 体育会への加盟に求められた競技成績と 体育会バスケットボール部の誕生

1920（大正9）年頃から各大学においてバスケットボールが実施されるようになったが、当初は体育会への加盟が認められていなかった。各大学のバスケットボールは大会において一定の競技成績をあげることで体育会への加盟を果たした。

立教大学は、1922（大正11）年に開催された第2回全日本選手権大会のB組に出場し、決勝で大阪YMCAを破って優勝を果たしたことで大学当局に迫って体育会への加盟を承認させた[29]。早稲田大学のバスケットボールは、1922（大正11）年に開催された第2回全日本選手権大会のB組に出場して3位入賞を果たした。初冬に行はれた関東の大会では2勝して準決勝に出場し、「関東のベスト4」として推され、翌春早々に来日した京城YMCAチームとの対戦で接戦を演じるなどの一定の競技成績をあげた[30]。この成績が認められて早稲田大学のバスケットボールは体育会への加盟を果たしたものとみられる。また、慶應義塾大学も関東

大学リーグ戦での成績が認められ1931（昭和6）年に待望の体育会入会を果した[31]。このように、各大学のバスケットボールは大会で一定の競技成績をあげることによって体育会への加盟を果したのであった。

体育会加盟後の東京商科大学では、大学から1924（大正13）年に119円3銭、1925（大正14）年に216円70銭[32]、1927（昭和2年）に313円、1928（昭和3年）に307円の活動費を得ており[33]、立教大学では1924（大正13）年頃に54円、1927（昭和2）年頃に400円、1929（昭和4）年頃に600円[34]の活動費が支給された。また、1925（大正14）年頃の明治大学では、学友会から500円程度が支給されていた[35]。食パン1斤あたりの価格が1924（大正13）年で16銭、1927（昭和2）年で17銭、白米10kgあたりの価格が1926（大正15）年で3円20銭、ビール大瓶1本あたりの価格が1926（大正15）年で42銭、1928（昭和3）年で41銭であったことからすると、各大学で部に支給されていた活動費は部の活動について一定の補助をするものであったとみられる[36]。このように、体育会加盟後の各大学におけるバスケットボール部の活動は、大学から資金援助を受けて展開された。

4．関東大震災による大学チームの台頭と学生連盟の設立

大学において体育会バスケットボール部が誕生するようになったものの、依然として東京YMCAの黄金時代が続いていた。しかし、1923（大正12）年に関東大震災が起き、東京YMCAは体育館を失った[37]。これにより、チームは一時解散を余儀なくされた。震災前に開催された第3回全日本選手権大会に出場した東京YMCAのチームでは、坂本郵次、福岡金平、石橋賢三、薬師寺尊正、野村憲夫が活躍していた[38]。しかし、震災後に開催された東京市主催籠球大会に出場した東京YMCAのチームには、この5人のうち薬師寺しか出場しておらず[39]、第3回全日本選手権大会に東京YMCAの一員として出場した横山は[40]、東京市主催籠球大会では立教大学の一員として出場した。こうして、関東大震災

により東京 YMCA のチームが一時解散すると震災後に開催された東京市主催籠球大会では立教大学が優勝した[41]。この大会で大学チームが東京 YMCA を破って優勝したことにより、学生連盟設立の機運が高まり[42]、1924（大正13）年の春に立教大学、早稲田大学、東京商科大学の 3 大学によって学生連盟が設立され[43]、この年の秋からリーグ戦が実施された[44]。

　立教大学が東京 YMCA を破って優勝した東京市主催籠球大会以降も同年開催の第 4 回全日本選手権大会[45]、第 1 回明治神宮競技会において立教大学が優勝し[46]、日本のバスケットボール界は東京 YMCA に代わって立教大学の黄金時代を迎えた。東京商科大学 OB である田中寛次郎によると、1924（大正13）年頃は早稲田大学は破ることができても立教大学だけはどうにも手に負えなかったという[47]。1924（大正13）年に開催された第 1 回関東大学リーグ戦では立教大学が優勝し、当時最強を誇っていた立教大学に対して早稲田大学もまた太刀打ちできない状態であった[48]。そこで早稲田大学がチームの強化を図り、コーチとして目をつけたのが東京 YMCA 体育部名誉主事を務めていたブラウンであった。早稲田大学バスケットボール部のコーチに就任したブラウンは、早稲田大学に3−2ゾーンディフェンスを紹介した。ブラウンの指導によって3−2ゾーンディフェンスを実践した早稲田大学は、1925（大正14）年に開催された第 2 回明治神宮競技大会において見事に優勝を勝ちとった[49]。この頃、東京商科大学は大日本体育協会でバスケットボールの運営を担っていた薬師寺尊正をコーチとして招聘し、強化を図っていた[50]。当時、東京商科大学は対立教大学戦において13連敗を喫していた[51]。そんな東京商科大学も1926（大正15）年開催の第 3 回関東大学リーグ戦においてチーム創始以来はじめて立教大学に勝利し[52]、優勝を果たしたのであった[53]。こうして日本のバスケットボール界は立教大学、早稲田大学、東京商科大学の 3 大学鼎立時代を経ることとなった[54]。前述したように早稲田大学はこの時期に3−2ゾーンディフェンスを導入しており、立教大学と東京商科大学はファイブマン・ツーライン・ディフェンス・マンツーマン・バリエーション[55]を導入している[56]。このように、1923（大

7

正12）年以降、この3大学間において戦術的な駆け引きも活発に展開された。

　日本では大学チームの台頭によりバスケットボールが活発に展開されるようになったものの、1925（大正14）年開催の第7回極東選手権競技大会のバスケットボール種目ではフィリピン4勝、中国2勝2敗、日本4敗[57]、1927（昭和2）年開催の第8回極東選手権競技大会ではフィリピン4勝、中国2勝2敗、日本4敗と日本は極東選手権競技大会において最下位に甘んじる状態が続いていた[58]。しかし、1930（昭和5）年開催の第9回極東選手権競技大会においてフィリピン4勝1敗、日本3勝2敗、中国4敗と、ついに日本は勝ち星をあげて2位となった[59]。

5．大日本バスケットボール協会の設立

　バスケットボールが日本に伝えられて以降、急激な勢いで全国津々浦々までバスケットボールが広まったが、全日本選手権大会などは大日本体育協会の主催で実施されており、バスケットボールを統括する団体は存在しなかった。当時のバスケットボール界はYMCA関係者によってリーダーシップがとられており、なかでも大日本体育協会の総務主事を務めていた薬師寺が大きな権力を持っていた[60]。これに対し、大学関係者らは大日本体育協会から独立し、バスケットボール独自の組織団体を設立しなければ将来の競技の発展は望めないと考え、第9回極東選手権競技大会の準備委員会のメンバーとして活躍した浅野、李想白、富田毅郎（早稲田大学OB）、野村瞳（立教大学OB）、松崎一雄（立教大学OB）、田中の6名に小林豊（東京帝国大学OB）、妹尾、鈴木重武（早稲田大学OB）の3名を加えた9名を中心とした「統制団体設立準備委員会」を発足させた。協会設立までには種々の困難があったものの、1930（昭和5）年9月30日に日本のバスケットボールを統括する大日本バスケットボール協会が設立された[61]。創立総会では、規約及び細則を承認するとともに9名の理事（表1）を選出した。協会の主な事業は、各種競技機

表1．大日本バスケットボール協会役員

役職	氏名	役職	氏名	役職	氏名
会長	副島道正	競技委員（主任）	浅野延秋	顧問	岸清一
副会長	未定	競技委員（幹事）	山田和夫	顧問	嘉納治五郎
常任理事	小林豊	競技委員	早川良吉	評議員	岩原拓
常任理事	浅野延秋	競技委員	西宗康夫	評議員	井浦仙太郎
理事（会計）	富田毅郎	競技委員	吉田健二郎	評議員	大島正一
理事	李想白	競技委員	大須賀健次郎	評議員	渡邊幸吉
理事	田中寛次郎	競技委員	川手謙二	評議員	河本禎助
理事	野村瞳	競技委員	上保春雄	評議員	武藤安雄
理事	松崎一雄	競技委員	中澤三郎	評議員	松岡熊三郎
理事	妹尾堅吉	競技委員	久保節夫	評議員	槇智雄
理事	鈴木重武	競技委員	日下部三郎	評議員	近藤茂吉
規則委員（主任）	李想白	競技委員	松崎一雄	評議員	澤田五郎
規則委員（幹事）	黒澤威夫	競技委員	小林豊	賛助員	富田幸次郎
規則委員	坂勘造	競技委員	茂木貞三	賛助員	河本禎助
規則委員	田中寛次郎	競技委員	鈴木俊平	賛助員	吉岡郷甫
規則委員	植田義己	編纂委員（主任）	妹尾堅吉	賛助員	辰野保
規則委員	柳田亨	編纂委員（幹事）	七海久	賛助員	田中穂積
規則委員	鈴木重武	編纂委員	土肥冬男	賛助員	殖栗賢亮
審判委員（主任）	野村瞳	編纂委員	李想白	賛助員	山本忠興
審判委員（幹事）	小野敏一	編纂委員	大橋貞雄	賛助員	松崎半三郎
審判委員	富田毅郎	編纂委員	田中介	賛助員	近藤茂吉
審判委員	土肥一雄	編纂委員	内田信吉	賛助員	小酒井五一郎
審判委員	黒澤威夫	編纂委員	小酒井益蔵	賛助員	郷隆
審判委員	三浦正	編纂委員	鈴木俊平	賛助員	水野利三
審判委員	樋口孝次	規格委員（主任）	鈴木重武	賛助員	平本柳蔵
審判委員	鈴木東平	規格委員（幹事）	坂勘造		
審判委員	鈴木明治	規格委員	富田毅郎		
		規格委員	李想白		
		規格委員	野村瞳		

大日本バスケットボール協会編（1931）協会役員名簿．籠球，（1）：127-128より作成

関の統制、選手権競技会の開催、競技規則の制定、審判技術の統一と向上、年鑑ならびに会報の発行であった。これら各種事業の実行にあたっては、当時のバスケットボール界の研究家諸氏の後援を得て各部門の委員を委嘱し、規則委員会、競技委員会、審判委員会、編纂委員会の4つの委員会を編成した。その後、大日本バスケットボール協会はバスケットボール用具に関する審査ならびに改善を目的とする規格委員会を増設した[62]。

大日本体育協会は1930（昭和5）年12月2日に[63]、大日本バスケットボール協会を加盟団体として承認した[64]。大日本体育協会は、それまで刊行していた競技規則の出版権を大日本バスケットボール協会に引き渡し、大日本バスケットボール協会はアメリカのジョイント・ルール・コミッティーと連絡をとり、新年度の競技規則を参照して『昭和6年度バスケットボール競技規則』を出版した[65]。さらに、大日本体育協会は大日本バスケットボール協会に全日本選手権大会の主催を移譲した[66]。

1931（昭和6）年2月には、文部省が大日本バスケットボール協会の趣旨に賛同し、事業を承認するとともに奨励金を交付した。さらに、3月7日、大日本バスケットボール協会は明治神宮体育会にも正式に入会し、名実ともに日本のバスケットボール界の代表機関となった[67]。

その後の大日本バスケットボール協会は、1933（昭和8）年にアメリカ・南カリフォルニア大学のコーチを務めるSam Barryの高弟であり、同大学のキャプテンを務めたJack GardnerとClarence S. Andersonを招聘して[68]、東京、大阪、京都、名古屋、新潟で講習会を実施し[69]、1935（昭和10）年にはアンダーソンが率いるアメリカ・オールスター・チームを招聘して[70]、日本代表チームや学生選抜チーム、大学チームと対戦する日米籠球戦を開催するなど[71]、事業を積極的に展開した。

大日本バスケットボール協会が積極的に事業を展開するなか、協会設立後初となる第10回極東選手権競技大会が1934（昭和9）年にマニラにて開催された。しかし、フィリピン3勝1敗、中国2勝2敗、日本1勝3敗と前回大会において2位となった日本は再び最下位に転落してしまっ

た[72]。

　この頃の日本のバスケットボールは、早稲田大学出身の李想白を軸にして研究された。李想白は大日本バスケットボール協会の設立に尽力し、設立後は協会の理事としてバスケットボールのルールの設定や技術の研究・普及等に努めた[73]。1930（昭和5）年に発行された李想白の著書『指導籠球の理論と実際』は当時のコーチやプレーヤーたちのバイブルとして愛読された[74]。また、李想白は全国を技術指導のため東奔西走し、さらにはコーチとして早稲田大学を1932（昭和7）年と1934（昭和9）年の2回に亘り全日本選手権大会に優勝させたことにより、当時の日本には李想白の理論が広まっていった[75]。

【注記及び参考文献】

1 ）水谷豊（1980）バスケットボールの歴史に関する一考察（Ⅵ）―James Naismith とオリンピック・ベルリン大会―．青山学院大学一般教育学部会論集，（21）：153.

2 ）J・ネイスミス著，水谷豊訳（1980）バスケットボール　その起源と発展．日本YMCA同盟出版，p.153.

3 ）興水はる海（1976）女子バスケットボールの史的考察（1）．東京体育学研究，（3）：8-9.

4 ）日本バスケットボール協会広報部会編（1981）バスケットボールの歩み．日本バスケットボール協会：東京，p.42.

5 ）興水はる海（1982）石川源三郎研究．お茶の水女子大学人文学紀要，（35）：142.

6 ）興水はる海（1976）女子バスケットボールの史的考察（1）．東京体育学研究，（3）：6-9.

7 ）谷釜了正（1978）「球篭遊戯」から「バスケット，ボール」へ．日本体育大学紀要，（7）：9.

8 ）日本バスケットボール協会広報部会編（1981）バスケットボールの歩み．日本バスケットボール協会，pp.42-43.

9 ）日本バスケットボール協会広報部会編（1981）バスケットボールの歩み．日本バスケットボール協会：東京，pp.43-45.

10）水谷豊（1981）バスケットボールの歴史に関する一考察（Ⅶ）―日本における発展の功労者 F.H.Brown 略伝―．青山学院大学一般教育学部会論集，（22）：205-206.

11）朝日新聞社編（1917）大正6年度野球年鑑．朝日新聞社，p.216.

12）木下秀明（1970）スポーツの近代日本史．杏林書院，p.185.

13) 水谷豊（1981）バスケットボールの歴史に関する一考察（Ⅶ）―日本における発展の功労者 F.H.Brown 略伝―．青山学院大学一般教育学部会論集，（22）：205.

14) 日本バスケットボール協会広報部会編（1981）バスケットボールの歩み．日本バスケットボール協会，p.613.

15) このことに関連する史料として，以下のものがあげられる．
・荒木直範（1922）バスケットバレーボール大会印象記．ATHLETICS，1（5）：35-37.
・西村正次（1923）バスケットボール代表権は東京青年会組に帰す．ATHLETICS，2（4）：132-139.
・日本バスケットボール協会広報部会編（1981）バスケットボールの歩み．日本バスケットボール協会，p.614.

16) このことに関連する史料として，以下のものがあげられる．
・鈴木兼吉（1921）運動年鑑，大正10年度：403.
・鈴木兼吉（1923）運動年鑑，大正12年度：277-278.

17) 大日本体育協会編（1930）第9回極東選手権競技大会報告書．大日本体育協会，p.161.

18) 時事新報社，大阪時事新報編（1923）第6回極東選手権競技大会記念写真帳．十字館，p.27.

19) 旧制中学校とは「〈中等以上ノ社会ノ男子〉に〈高等普通教育〉を施し，旧制高等学校および旧制大学等への進学を主目的とする学校として，実業学校や高等女学校等とは異なる特権的中学校（5年制）」〔下中邦彦編（1985）大百科事典9．平凡社，p.802〕とされる．

20) 野村憲夫（1931）10周年を迎へて，山田和夫編，籠球．立教大学籠球部，p.2.

21) 田中介（1931）我籠球部の生ひ立　慶應の巻．ATHLETICS，9（1）：139.

22) 玉置源一郎（1980）クラブチームの誕生のころ，慶応義塾バスケットボール三田会編，慶応義塾体育会バスケットボール部50年史．慶応義塾バスケットボール三田会，p.39.

23) 土肥冬雄（1983）バスケットボール界の恩人浅野延秋さん，早稲田大学 RDR 倶楽部編，RDR60早稲田大学バスケットボール部60年史．早稲田大学 RDR 倶楽部，p.176.

24) 浅野延秋（1931）我籠球部の生ひ立　早大の巻．ATHLETICS，9（1）：132-133.

25) 茂木貞三（1931）我籠球部の生ひ立　立教の巻．ATHLETICS，9（1）：130.

26) 田中介（1931）我籠球部の生ひ立　慶應の巻．ATHLETICS，9（1）：139.

27) 田中寛次郎（1931）我籠球部の生ひ立　商大の巻．ATHLETICS，9（1）：135.

28) 妹尾堅吉（1995）セピア色のバスケットボール―パイオニアが語る日本籠球会―，明治大学バスケットボール部 OB 会編，明治大学体育会バスケットボール部70年史．明治大学バスケットボール部 OB 会，pp.86-87.

29) 佐々木権三郎（1931）其頃の籠球，山田和夫編，籠球．立教大学籠球部，p.6.

30) 浅野延秋（1931）我籠球部の生ひ立　早大の巻．ATHLETICS，9（1）：134.

31) 上保春雄（1980）50年前のバスケットボール，慶應義塾バスケットボール三田

会編，慶應義塾体育会バスケットボール部50年史．慶應義塾バスケットボール三田会，p.42.

32）依光良馨（1989）大学昇格と籠城事件．如水会，p.221.

33）依光良馨（1989）大学昇格と籠城事件．如水会，p.423.

34）七海久，山内光和，本井錬一，内田春三郎，鈴木武男，中沢龍太郎，野村憲夫，松崎一雄，三浦正，山田和夫，山田正司（1985）60年回顧座談会Ⅰ創設期，立教大学バスケットボール部OB倶楽部60周年記念事業委員会編，立教大学バスケットボール部創部60周年記念誌．立教大学バスケットボール部OB倶楽部60周年記念事業委員会，p.85.

35）妹尾堅吉（1995）セピア色のバスケットボール—パイオニアが語る日本籠球会—，明治大学バスケットボール部OB会編，明治大学体育会バスケットボール部70年史．明治大学バスケットボール部OB会，p.88.

36）週刊朝日編（1988）値段史年表明治・大正・昭和，朝日新聞社，pp.97-174.

37）1927（昭和2）年に東京YMCAの体育館は増築落成した（日本バスケットボール協会広報部会編（1981）バスケットボールの歩み．日本バスケットボール協会，p.583）．

38）廣瀬謙三（1923）籠球選手権大会．運動界，4（4）：104.

39）朝日新聞社編（1924）大正13年度運動年鑑．朝日新聞社，pp.390-391.

40）廣瀬謙三（1923）籠球選手権大会．運動界，4（4）：104.

41）朝日新聞社編（1924）大正13年度運動年鑑．朝日新聞社，pp.390-391.

42）東京市主催籠球大会以降も同年開催の第4回全日本選手権大会（朝日新聞社編（1925）大正14年度運動年鑑．朝日新聞社，p.446），第1回明治神宮競技会において立教大学が優勝し（朝日新聞社編（1925）大正14年度運動年鑑．朝日新聞社，p.557），翌1925（大正14）年開催の第2回明治神宮競技会においても早稲田大学が優勝するなど（朝日新聞社編（1926）大正15年度運動年鑑．朝日新聞社，p.375），国内の大会において大学チームが台頭するようになった．

43）李想白（1929）日本籠球界の回顧．運動界，10（4）：80.

44）浅野延秋（1931）我籠球部の生ひ立　早大の巻．ATHLETICS，9（1）：134.

45）朝日新聞社編（1925）大正14年度運動年鑑．朝日新聞社，p.446.

46）朝日新聞社編（1925）大正14年度運動年鑑．朝日新聞社，p.557.

47）田中寛次郎（1931）我籠球部の生ひ立・商大の巻．ATHLETICS，9（1）：137.

48）李想白（1929）日本籠球界の回顧．運動界，10（4）：81.

49）錦紅野士（1925）バスケット・ボール出場チームの特色と欠点．運動界，6（12）：164-165.

50）田中寛次郎（1931）我籠球部の生ひ立・商大の巻．ATHLETICS，9（1）：136.

51）田中寛次郎（1931）我籠球部の生ひ立・商大の巻．ATHLETICS，9（1）：137.

52）薬師寺尊正（1927）商大覇権を握る．ATHLETICS，5（1）：95.

53）薬師寺尊正（1927）商大覇権を握る．ATHLETICS，5（1）：92.

54）浅野延秋（1932）バスケットボールを語る．ATHLETICS，10（4）：110.

55）ファイブマン・ツーライン・ディフェンス・マンツーマン・バリエーションと

は「まず3－2隊形をとり，ディフェンスエリアに侵入してきたオフェンスプレイヤーに最も近い第1線のディフェンスプレイヤーがマッチアップし，第1線の空いたポジションをこのポジションに近い第2線のガードが前進して埋めるというもので，3－2隊形をとるニヤレスト・マンツーマンディフェンス」（小谷究（2014）日本のバスケットボールにおけるファイブマン・ツーライン・ディフェンスに関する史的研究．体育学研究，59（2）：505）とされる。

56) 小谷究（2014）日本のバスケットボール競技におけるファイブマン・ツーライン・ディフェンスに関する史的研究．体育学研究，59（2）：503-505.

57) 大日本体育協会編（1925）第7回極東選手権競技大会報告書．大日本体育協会，pp.285-287.

58) 大日本体育協会編（1928）第8回極東選手権競技大会報告書．大日本体育協会，pp.328-330.

59) 大日本体育協会編（1930）第9回極東選手権競技大会報告書．大日本体育協会，p.199.

60) 日本バスケットボール協会広報部会編（1981）バスケットボールの歩み．日本バスケットボール協会：東京，p.79.

61) 日本バスケットボール協会広報部会編（1981）バスケットボールの歩み．日本バスケットボール協会：東京，p.72.

62) 浅野延秋（1931）本協会の事業．籠球，（1）：5-6.

63) 浅野延秋（1931）本協会の事業．籠球，（1）：5.

64) 岸清一（1931）バスケットボール競技に就て．籠球，（1）：3.

65) 浅野延秋（1931）本協会の事業．籠球，（1）：5.

66) 岸清一（1931）バスケットボール競技に就て．籠球，（1）：3.

67) 浅野延秋（1931）本協会の事業．籠球，（1）：5.

68) 妹尾堅吉編（1933）籠球，（7）：90-91

69) 朝日新聞社編（1933）わが籠球界の躍進に期待．大阪朝日新聞，（18568）：7

70) 李想白（1935）来朝する米国籠球チーム．アサヒ・スポーツ，13（10）：22

71) 坂勘造（1935）日米籠球戦．オリムピック，13（6）：54-57

72) 大日本体育協会編（1934）第10回極東選手権競技大会報告書．大日本体育協会，pp.216-220.

73) 東京体育科学研究会編著（1970）体育人名辞典．逍遥書院，p.283.

74) 関東大学バスケットボール連盟80年史編集委員会編（2005）関東大学バスケットボール連盟80年史．関東大学バスケットボール連盟80年史編集委員会，p.138.

75) 富田毅郎（1983）李想白を語る，早稲田大学RDR倶楽部編，RDR60早稲田大学バスケットボール部60年史．早稲田大学RDR倶楽部，p.170.

第2章

ベルリンオリンピックにおける
日本のバスケットボール

（執筆責任者：小谷　究）

1．ベルリンオリンピックに向けた選手選考と強化の実際

　1932（昭和7）年に国際バスケットボール連盟が結成されるとともに、バスケットボールをオリンピックの正式種目に編入する運動が起こり[1]、1934（昭和9）年10月19日に開催されたオリンピック組織委員会において1936（昭和11）年に開催されるベルリンオリンピックからバスケットボールを正式種目とすることが決定した[2]。バスケットボールのオリンピック種目への編入が認められた翌年の1935（昭和10）年10月に開催された大日本バスケットボール協会のオリンピック準備委員会では、派遣する代表チームを選抜チームとし、全日本選手権大会、明治神宮競技会、関東大学リーグ戦、東西学生対抗競技会を参考にして選手選考を行うことが決定された[3]。1936（昭和11）年1月5日から8日にかけて開催された第15回全日本選手権大会終了後に選考委員会が開かれ、1月31日に候補選手20名が発表された（表1）[4]。候補選手の平均身長は約176.6cmであった[5]。

　さらに、大日本バスケットボール協会の評議員である近藤茂吉が監督、学士倶楽部の三橋誠がコーチに就任した[6]。近藤は大日本体育協会の理事として第8回のパリオリンピック、第9回のアムステルダムオリンピックに本部役員として参加しており、輸出貿易を主とする近藤商店の経営をしていたことから英語が流暢であった。三橋は1925（大正14）年

表1．ベルリンオリンピック日本代表候補選手

氏名	所属	ポジション
田中 秀次郎	学士倶楽部	フォワード
中江 孝男	東京帝国大学	フォワード
前田 昌保	立教大学	フォワード
渡邊 浩男	立教大学	フォワード
山本 邦介	立教大学	フォワード
横山 堅七	早稲田大学	フォワード
平塚 悦司	京都帝国大学	フォワード
山田 重治	慶應義塾大学	フォワード
鹿子木 健日子	東京帝国大学	センター
廉 殷鉉	延禧専門学校	センター
野村 幸男	東京文理大学	センター
鷲尾 浩治	関西学院大学	センター
浅野 正二	東京帝国大学	ガード
宗像 卯一	早稲田大学	ガード
小田 喜一郎	早稲田大学	ガード
李 性求	全延禧	ガード
張 利鎭	延禧専門学校	ガード
松井 聡	京都帝国大学	ガード
村上 宏	京都帝国大学	ガード
吉井 清三郎	新潟師範学校	ガード

三橋誠（1936）籠球．オリムピック．14（5）：40より作成

にマニラで開催された第7回極東選手権競技大会に出場しており[7]、国際大会への参加経験があった。2月に入り、在京の候補選手は神田のYMCA体育館にて毎週水、金曜の午後4時半から6時まで1時間半の練習を実施した。ただし、候補選手の多くは学生であり、2月は試験期間と重なって充分な練習ができないため、練習では個人的な基礎技術や体力の養成に重きが置かれた。地方在住の候補選手には、三橋が個人ごとに練習案を与え、週1回の報告をさせた。3月に入ってからは集合練習ではなく、各自自由に練習することを認め、候補選手の多くは所属チームの練習に参加した。3月23日から東京帝国大学の屋外コート2面

（土のコート 1 面、板張りのコート 1 面）を使用して、全候補選手、マネージャー、コーチの総勢25名による合宿練習を実施した。合宿にはマネージャーとして東京帝国大学出身の高橋太郎、慶應義塾大学の池上虎太郎、早稲田大学の竹崎道男が参加し、練習ではチームプレーの養成に重きが置かれた[8]。さらに、この合宿では厳格な共同生活を行うことも目的のひとつとして位置づけられており、朝食後の 1 時間程度と 1 週間に半日程度の自由行動が認められた以外は外出が禁止され、起床直後に軽いトレーニングを行い、午前 1 時間半、午後 2 時間半程度の練習が実施された[9]。3 週間にわたる合宿練習を経た候補選手は 4 月11日に紅白ゲームを行い、三橋と選考委員により12名のプレーヤーが選考され、準備委員会の承認を経て日本代表チームが決定した[10]。しかし、京都帝国大学の平塚順司は脚部疾患のため出場を辞退し[11]、平塚の補充がなかったため日本代表チームの陣容は表 2 、表 3 のようになった[12]。当時は日本の韓国併合により、朝鮮半島からも廉殷鉉、張利鎮、李性求の 3 名が日本代表として選出された。また、監督に決定していた近藤は病気と一身上の都合により参加不能となり、代わって大日本バスケットボール協会名誉主事の浅野延秋が監督に就任した[13]。さらに、大日本バスケットボール協会会長の副島道正が国際オリンピック委員として、大日本バスケットボール協会理事の李想白が総務委員としてベルリンオリンピックに関わった[14]。

　浅野はバスケットボール選手団のベルリンオリンピックでの目標について「オリンピックの制覇」としているが[15]、三橋は「アメリカに次ぐ準優勝」を目標としている[16]。また、大日本バスケットボール協会で委員を務めていた坂勘造も三橋と同様に日本は「アメリカに次ぐ準優勝」を目指すことになるとしている[17]。三橋や坂は、バスケットボールの母国であるアメリカの競技力を高く評価しており、日本がアメリカに勝利することは難しいと考えていたようである。一方、日本ではヨーロッパの国々よりも早い時期からバスケットボールが展開されていたことから、日本のバスケットボール関係者らは日本の競技力はヨーロッパの国々よりも高

表2．ベルリンオリンピック日本代表チームスタッフ

役職名	氏名	出身地	所属
監督	浅野 延秋	山梨	大日本体育協会評議 大日本バスケットボール協会名誉主事
コーチ	三橋 誠	鳥取	大日本体育協会評議 大日本バスケットボール協会名誉主事
マネージャー	高橋 太郎	東京	
外国関係委員	竹崎 道雄	アメリカ	

大日本体育協会編（1937）第11回オリンピック大会報告書．大日本体育協会，p.20より作成

表3．ベルリンオリンピック日本代表チームプレーヤー

氏名	生年	所属	身長 cm	体重 kg	ポジション
田中 秀次郎	1910（明治43）	学士倶楽部	180.7	61.5	フォワード
前田 昌保	1914（大正3）	立教大学	166.1	58.2	フォワード
中江 孝男	1913（大正2）	東京帝国大学	185.5	72.2	フォワード
横山 堅七	1916（大正5）	早稲田大学	173.5	66.6	フォワード
鹿子木 健日子	1914（大正3）	東京帝国大学	192.7	76.6	センター
廉 殷鉉	1914（大正3）	延禧専門学校	183.2	68.0	センター
松井 聡	1915（大正4）	京都帝国大学	176.3	71.3	ガード
宗像 卯一	1915（大正4）	早稲田大学	174.0	65.8	ガード
張 利鎮	1917（大正6）	延禧専門学校	179.7	62.3	ガード
吉井 精三郎	1917（大正6）	東京高等師範学校	174.7	65.4	ガード
李 性求	1910（明治44）	全延禧	170.7	66.3	ガード

三橋誠（1936）籠球．オリムピック，14（5）：40、大日本体育協会編（1937）第11回オリンピック大会報告書．大日本体育協会，p.26，大日本バスケットボール協会編（1938）第11回オリンピック大会籠球報告書．大日本バスケットボール協会，p.135より作成

いと考えていた[18]。しかしながら、参加国についての情報が乏しく、ヨーロッパの国々の競技力についての見立ても想像でしかなかった[19]。

　選出された11名のプレーヤーたちは、4月20日から週5回の練習を実施し、5月5日から19日にかけて府立高等学校の屋外コートにて合宿を行った。この合宿は前回の合宿と異なり、東京在住プレーヤーの登校の便宜をはかり、午前の練習は組まれず、練習は午後1回のみであった。また、夜も時折、1時間ないし1時間半程度の自由が認められ、日曜日

写真．ベルリンオリンピック日本代表チーム
大日本バスケットボール協会編（1938）第11回オリンピック大会籠球報告書．大日本バス
ケットボール協会，写真
後列左より，浅野，李性求，中江，鹿子木，廉，宗像，吉井，三橋，竹崎
前列左より，田中，前田，横山，松井，張

には半日の自由時間が設けられた。2時間の練習内容は準備運動、パス、
ドリブル、ランニングシュート、フリースロー、フォーメーション研究、
スクリメージ、ゲーム、フリースロー、整理運動といった流れで行われ
た。ゲームは主にチームのメンバーを分けて行われたが、合宿中に1度
だけ東京帝国大学との練習ゲームが組まれた。合宿は19日に一旦解散し
たが、練習は自宅から練習場に通う形で続けられた[20]。その後、再び合
宿が組まれ、6月10日まで実施された[21]。6月15日にはバスケットボー
ル選手団の送別会が開催され、朝鮮半島から選出された李性求、廉、張
の3選手は、この日の夜に郷里へと向かった[22]。

2．ベルリンにおけるバスケットボール選手団の動向

　6月20日、バスケットボール選手団は他の競技の選手団とともに明治

神宮を参拝した後、東京駅を出発し、下関へと向かった[23]。この時点で競泳やマラソンなどの選手団は既に日本を発っていた。バスケットボール選手団が含まれる日本選手団は第5団であり、158名にも及ぶ主力の選手団であった[24]。6月21日の早朝に下関へと到着した一行は、関釜連絡船徳寿丸で釜山にむけて出帆した。この日の夕方、釜山に入港した日本選手団は、釜山から列車でベルリンに向かった。6月22日には京城駅から李性求と廉の2名が乗車し、平壌からは張が乗車し、バスケットボール選手団の一同が揃った。この日は、新京駅にて下車し、ホテルに宿泊した。翌6月23日は市内見物後、敷島高女室内体育館にて約1時間半の練習を実施し、夜に出発した。6月24日は、昂々渓で約50分の停車時間があり、この時間を利用して付近の公園に設置してあった簡単なコートで練習を行った。6月25日に満州里に到着した一行は、シベリア鉄道に乗り換えシベリアの旅に入った[25]。列車には収容人数約30名の食堂車が、わずかに1輌しか連結されていなかったため、150名を超える日本代表団は毎食5回の交代を強いられた[26]。

　7月2日、ロシアとポーランドの国境を通過し、ストルプツェで下車した日本選手団はヨーロッパの汽車に乗り換え、7月3日、ホームを埋め尽くす群衆とドイツ軍の楽隊による歓迎のマーチのなかベルリンに到着した[27]。その後、日本選手団はオリンピック村に入村したが、オリンピック村の入り口には2、3カ国の国旗が掲揚されているのみで、バスケットボールとしての入村は日本が最初であった[28]。日本選手団はオリンピック村のなかでは自由に過ごすことができたが、個人でオリンピック村の外に出ることは禁じられていた。バスケットボール選手団には、体操選手団とともに「ハウス・エムデン」という宿舎が仮宿舎として割り当てられた[29]。オリンピック村での食事の主食はパンおよび米であり、副食は洋食であったが、調理は良好であり、量も豊富に用意されていた。また、日本選手団は、日本より味噌、醤油、沢庵漬、福神漬などを取り寄せ、さらには日本人コック1名を雇い入れ、ドイツ人コックを指導させた。そのため、日本選手団は炊き加減良好なご飯や、朝食には味噌汁

写真．シベリアで停車した駅でのパス練習の様子
大日本バスケットボール協会編（1938）第11回オリンピック大会籠球報告書．大日本バス
ケットボール協会，写真

を採ることもできた。オリンピック村では、毎朝、日本選手団全員が集
まって整列し、国旗掲揚を行ない、その後、監督会議を開くことが日課
となっていた[30]。オリンピック村には体育館が設置されていたが、バス
ケットボールのゴールは備えられていなかった[31]。しかし、バスケット
ボールのゴールが2つ設置された運動場が備えられており、日本のバス
ケットボール選手団は午前中にこのゴールを利用して軽い練習を行うこ
ともあった。ただし、コートと呼べるほどのものではなく、シュート練
習ができる程度のものであった[32]。

　浅野と三橋、高橋はベルリンに到着した日のうちに大会で使用する
コートを検分した[33]。ベルリンオリンピックの種目にはテニスがなく、
オリンピック村から14kmほど離れた国立競技場のなかにあるテニス競技
場はバスケットボール種目の会場として使用された[34]。会場には、5つ
の大会用コートと2つの練習用コートが設けられており、コートの両側
には合計で約3,000人を収容できる木造の立ち見スタンドが用意されてい
た。さらに、決勝用のコートは約1万人を収容できるスタンドを有して
いた。コートは、全てアンツーカーのアウトドアコートであった[35]。当

時の日本においてバスケットボールは板のコートでプレーされていたため、板のコートに慣れている日本人プレーヤーにとってベルリンオリンピックで使用するアンツーカーのコートは不利な要素となった[36]。ただし、練習は大会で使用するコートで行われ[37]、日本での練習も土のコートで実施されたことから、アンツーカーのコートによる不利はいくらか解消されたものとみられる。高橋はベルリンオリンピックで使用したコートについて屋外コートとしては日本のものよりもはるかに上等なものであったと評している[38]。三橋もコートについて日本のものと変わらず、ゴールやその他の設備も相当のできであったとしている[39]。ゴールは基本となる鉄骨の支柱から約183cmコート側に突き出しており、リングは2本の支柱により取り付けられていた。浅野によるとバックボードの具合も良好であったという[40]。ただし、コートのローラーかけが不足しており、柔らかかったようである[41]。さらに、コートにはプレーヤーが使用するトイレや水飲み場、休憩所が設けられておらず、参加各国は不便不自由を耐え忍びながら練習を行っていた。結局、大会が開始されてもプレーヤーの控え室や席は満足なものが用意されなかった。

　当初、ベルリンオリンピックで使用するボールは、8枚の表皮で構成されるボールを使用すると発表されていたが、日本はベルリンに到着後にドイツ製の12枚の表皮で構成されるボールを使用することを聞かされ、すぐに購入の手配をした。しかし、なかなか12枚皮のボールを入手することができず、日本が12枚皮のボールを手に入れたのは大会1週間前のことであり、それもたったの2個であった[42]。

　日本はオリンピックを戦うにあたって2つの懸念を持っていた。1つは、ベルリンオリンピックで採用されるルールであった。当時の日本のルールは、概ねアメリカのものを採用していた[43]。しかし、ベルリンオリンピックでは1934（昭和9）年2月にリオンにおいて開催された国際バスケットボール連盟の会議の際に起草された「1935－36年公式籠球規則」、所謂ヨーロッパ式ルールを採用することが決定されており[44]、日本で採用されていたアメリカ式ルールとは異なる点があった。したがっ

写真．練習の様子
大日本バスケットボール協会編（1938）第11回オリンピック大会籠球報告書．大日本バス
ケットボール協会，写真

写真. ドイツとの練習マッチの様子１
大日本バスケットボール協会編（1938）第11回オリンピック大会籠球報告書．大日本バスケットボール協会，写真

て、日本はまず不慣れなヨーロッパ式ルールに慣れる必要があった。もう１つの懸念は、14日間の移動によるコンディションの調整であった。しかし、ベルリンに到着したプレーヤーたちの疲労の度合いは比較的少なく、元気旺盛であったことから、身体的コンディションを10日間程度で回復させるように練習が組まれた[45]。日本はベルリンに到着した翌日の７月４日に現地での最初の練習を実施した。ベルリンにおいて日本は模範とされ、日本の練習には毎日のようにドイツ体育大学の教員が見学に訪れた[46]。

　７月６日には、極東選手権競技大会で幾度も対戦し、顔なじみの多いフィリピンがオリンピック村に入村した。この頃には、２、３の他国も入村し、オリンピック村は活気づいた[47]。７月11日にバスケットボール選手団が本来宿泊する宿舎である「ハウス・ベルダン」が完備したので[48]、バスケットボール選手団はホッケー、馬術の選手団とともに「ハウス・ベルダン」へと移動した[49]。この宿舎はオリンピック村に隣接する高射砲隊の宿舎であり、兵員を一時的に他へと移動させて改修し、臨時にオリンピック村の宿舎に転用したものであった。「ハウス・ベルダン」は、兵

写真．ドイツとの練習マッチの様子 2
大日本バスケットボール協会編（1938）第11回オリンピック大会籠球報告書．大日本バス
ケットボール協会，写真

舎とはいえ特設のオリンピック村の宿舎と遜色なく、宿舎内の寛裕な点においては勝るとも劣るものではなかった[50]。宿舎を移動した翌日の7月12日に、日本はドイツからの練習マッチの依頼に応えた[51]。このゲームは、オリンピックで使用するコートで約3,000人の観衆のなか[52]、両チームともにメンバーを2つに分けてそれぞれ20分ずつ実施した[53]。ドイツは日本及びスイス（オリンピック代表チームではない）との練習マッチのなかでオリンピックに出場するメンバーを決定することになっていたので[54]、このゲームに対するドイツチームの意気込みは高かったとみられる。ただし、李性求によるとドイツのプレーヤーのほとんどがハンドボールのプレーヤーであり[55]、前半は日本39点、ドイツ2点、後半も日本30点、ドイツ4点と両ハーフゲームともに日本が圧勝し[56]、日本はこのゲームにおいてヨーロッパ式ルールに慣れること以外に得られるものはなかった[57]。

　ドイツとの練習マッチから日本は、ヨーロッパの審判がトラベリングに対して厳格であること、腰から下の部位にボールが当たった場合にはアウト・オブ・バウンズに処すること、ジャンプボールの高さが低いことを確認した[58]。また、このゲームで身体的コンディションの回復が順調に進んでいることを確認した[59]。さらに、7月13日には、あらかじめ日本選手団がアタッシェを介して組織委員会に対して要望していた日本風呂も完成し[60]、身体的コンディションの調整に大きく貢献したものとみられる。7月15日の練習は降雨のため、体育専門学校室内コートにて行われた[61]。体育専門学校室内コートは体育館としては完備されたものであったが、バスケットボールの設備は不完全であった。7月18日は練習を休みにし、遊覧バスで市内見学を行った。7月20日にはウルグアイと練習マッチを行い、前半を日本23点、ウルグアイ8点で折り返したが、後半5分頃、日本25点、ウルグアイ10点のところで激しい風と降雨によりゲームは中止になった。7月21日には、ウルグアイから前日に中止となった練習マッチの再戦依頼があり、これに応じ、日本27点、ウルグアイ29点と1ゴール差で敗れた[62]。日本は、ウルグアイとの練習マッチで平常の身体的コンディションに回復したことを確認した[63]。この頃、雨

の影響により練習が中止になることがあったので、日本はベルリン市内の体育館を借用して練習を実施したが、設備が不完全であり充分な練習を行うことができなかった[64]。

　日本がオリンピックで戦うにあたっての懸念事項であるコンディションの調整は、ウルグアイとの練習マッチで回復が確認されたものの、もう一つの懸念事項である不慣れなヨーロッパ式ルールに慣れることは、未だ懸念事項のままであった。しかし、適当な練習マッチの相手をドイツで探しても見当たらず、オリンピック村に入村しているフィリピンなども日本と同様、国内においてアメリカ式ルールを採用するチームであった[65]。そこで、ヨーロッパ式のルールで対戦する相手を求めて[66]、７月22日の早朝にベルリンを出発し、ハンガリーの首都ブダペストへと遠征を実施した[67]。この遠征は、オリンピック村での日々同様の生活と練習に飽きたプレーヤーたちの意気を増すものであった[68]。７月22日は途中のウィーンで１泊し、７月23日は市内見物等をした後にウィーンを発ち、夜にブダペストに到着した。７月24日に日本とハンガリー、オーストリアの３国間で練習マッチを行う予定であったが、オーストリアが都合によりゲームを中止したため、26日のみの実施となり、７月24日はブダペスト大学の運動場に設置されたコートで練習を実施した[69]。７月26日、日本はハンガリーとヨーロッパ式ルールのもと２ゲームを実施した[70]。ハンガリーはヨーロッパにおいて４位程度の実力を持っており[71]、日本との練習マッチの結果次第でオリンピックへの参加を決定することになっていたので[72]、このゲームに対するハンガリーの意気込みは高かったとみられる。当日は熱暑であり、暑さとの戦いでもあったが、日本はハンガリーに２勝することができた[73]。ハンガリーは日本に２敗したもののオリンピックへの参加が決定した[74]。しかし、実際には財政的事情により、ハンガリーのオリピックへの参加はかなわなかった[75]。７月27日、日本が再びベルリンに戻った時には、アメリカや中国など多くの国々がオリンピック村に入村しており[76]、オリンピック村の運動場に設置された２つのゴールでは練習がほとんどできない状態となった[77]。

7月28日、浅野が組み合わせを決める代表者会議に出席し[78]、抽選により日本の初戦の相手が中国に決定した[79]。組み合わせ抽選当日、プレーヤーたちは練習を行っており、練習後、オリンピック村の宿舎へと戻る軍用バスのなかでは、1回戦の相手についてプレーヤー同士で予想論を戦わせていた。オリンピック村に到着したプレーヤーたちは、抽選結果が気になり宿舎に駆け込んだが、浅野は代表者会議から戻っていなかった。浅野が戻るまでの間に宿舎では、1回戦の相手がアメリカに決まったなどというデマも流れた。浅野が宿舎に戻り、高橋の呼びかけによりプレーヤーたちは浅野の部屋に集められ、緊張のなか、浅野から1回戦の対戦相手が伝えられた。日本としては、1回戦で当時、比較的レベルが低いとみられていたヨーロッパの国と対戦して勝利し、その勢いで2回戦以降、東洋やアメリカ諸国の強豪国と対戦することが理想であったが、ヨーロッパの地で隣国の中国と1回戦から対戦するという皮肉な組み合わせとなった[80]。しかし、第1章で紹介したように、日本は極東選手権競技大会において、これまで幾度となく中国と対戦してきたが、対戦成績は2勝9敗と大きく負け越しており、日本はオリンピックでの中国との対戦を、これまでの負け越しを一挙に清算できる機会として捉えて意気込んでいた[81]。初戦の対戦相手決定後の日本は7月30日にラトビアと練習マッチを行い、9-6で勝利した[82]。ただし、点数からフルゲームではなく短い時間で実施されたものであったことがうかがわれる。7月31日には、審判実地練習会としてアメリカと中国の練習マッチが開催され[83]、日本のバスケットボール選手団は一同でこのゲームを観戦した[84]。日本はこのゲーム以外にも、カナダ、メキシコ、ペルー、ラトビア、エストニア等の練習マッチを観戦した。また、三橋によると日本のバスケットボール選手団は7月31日にネイスミスに会い種々懇切な言葉をもらったという[85]。さらに、日本は7月31日にペルーとの練習マッチを行っており、この練習マッチを最後に、それ以降は本番への準備に努めた[86]。ベルリンオリンピックは8月1日に開幕し、この日の開会式に日本のバスケットボール選手団も参列した[87]。

　中国との対戦決定後、日本は練習における主な目的を中国との戦い方、初戦にむけたコンディションのピーキング、初戦の8月7日から決勝戦の14日までの体力維持とした。しかし、この頃より練習を実施する国が増加したため、日本に割り当てられた練習時間が1時間に短縮された。さらに、日本を含め早くに入村した国々には午前9時、もしくは午後5時から1時間の練習時間が割り当てられ、この時間帯に日本は不都合を感じていた。初戦が近づくと、日本はプレッシャーを感じてか、元気がなくなり、殊に鹿子木や廉らは気分がすぐれない日があり、コーチの三橋は苦労したようである[88]。

　日本は初戦の前日にあたる8月6日の練習を休み、静養した。この日はルール説明のための会議が開かれ、三橋が参加した[89]。また、中国戦のメンバー提出があり、三橋、浅野、高橋等のスタッフとキャプテンの田中とで相談のうえ中国戦のメンバーを決定した[90]。この夜にはプレーヤーたちに中国戦のスターティングメンバーとして横山、前田、鹿子木、松井、李性求、ベンチメンバーとして中江、宗像が発表された。このように、ベルリンオリンピックのベンチ登録人数は7名であった。8月7日、バスケットボールの開会式が挙行され、バスケットボールの考案者であるネイスミスが挨拶を行った[91]。新種目としてオリンピック競技大会に加えられたバスケットボールには25カ国からの申し込みがあったが、ブルガリアなどは申し込み後に棄権し、スペインは7月28日の組み合わせ抽選後に国内内乱のため参加を取りやめるなどし[92]、実際の出場国は21カ国であった[93]。

3．ベルリンオリンピックの戦況

3－1．中国戦

　日本の初戦である中国戦は、バスケットボールの開会式と同じ8月7日に第3コートにて行われた[94]。三橋は田中らと相談して、中国戦の作戦を以下のように決定した[95]。今日のバスケットボールではシュート成

功後はエンドラインからのスローインによりゲームが再開されるが、ベルリンオリンピックのルールではシュート成功後はセンタージャンプによってゲームが再開された。したがって、センタージャンプで自チームのボールにすることが攻撃回数を増加させることにつながり、勝つための重要な要素となった。身長192.7cm の鹿子木は、当時としては長身プレーヤーであり[96]、センタージャンプにおいて中国より有利に立つことができた。そこで、日本はセンタージャンプ時に図1のように動くことにした[97]。実線の矢印はプレーヤーの動きを示している。センターの鹿子木はセンタージャンプのボールをコントロールし、前田もしくは松井が移動した地点に落とす。前田と松井はこのボールを拾って自チームのボールにし、ガードの李性求は中国にボールを獲得された時のディフェ

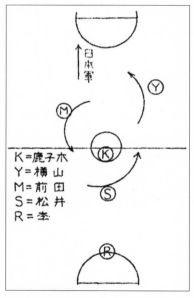

図１．センタージャンプ時の動き
三橋誠（1938）競技報告，大日本バスケットボール協会編，第11回オリンピック大会籠球報告書．大日本バスケットボール協会，p.30より転載

ンスに備えて自陣にポジションをとったものとみられる。フォワードの横山はセンタージャンプのボールを拾わずに敵陣のコーナー深くに移動した[98]。

オフェンスはファストブレイクとセットオフェンスを併用するもので、ゲームの序盤は可能な限りファストブレイクを狙い、スコアが離れた時にセットオフェンスを採用するものであった[99]。昭和初期の日本のオフェンス戦術は、セットオフェンスが全盛であったが、1932（昭和7）年に10秒ルールが採用されたことによりゲームの展開が速くなり、アメリカ式ルールを採用する日本では、1935（昭和10）年にフリースロー成功後のセンタージャンプが廃止され、

ゲームの再開がエンドラインからのスローインで始められたことにより、1930年代中頃よりファストブレイクが採用されるようになった[100]。つまり、ベルリンオリンピックが開催された1936（昭和11）頃は、セットオフェンスが全盛だった日本においてファストブレイクが採用され始めた時期であった。セットオフェンスでは図2、図3、図4のフォーメーションが用意されていた。実線の矢印はプレーヤーの動き、点線の矢印はパスによるボールの動き、波線の矢印はドリブルによるプレーヤーとボールの動きを示している。

　さらに、エンドからのアウト・オブ・バウンズプレーでは図5のものが用意されていた。日本では、1920年代末頃から5人でのオフェンスを[101]、1928（昭和3）年頃からスクリーンプレーを採用するチームが現れており[102]、図から日本が用いたフォーメーションは5人のプレーヤーによるスクリーンプレーを含んだものであったことが確認できる。一方、ディフェンスにおいて日本はマンツーマンディフェンスを採用した[103]。日本は中国のミドルシュートを警戒しており、ディフェンスではドライブされたとしても相手プレーヤーにミドルシュートを打たせない方法をとった。また、日本は中国のファストブレイクも警戒していた[104]。

　会場には中国の応援に約3,000人が詰めかけ、対する日本の応援は僅かに10人を数える程度であった[105]。中国は役員席にマイクを持ち込み、本国にラジオ放送を行う力の入れようであった。日本と中国とのゲームの前に行われていたゲームが遅れたため、日本はコートとコートの間のスペースでパス練習を軽く行い、いよいよコートに入るとトスアップまで僅か5分しかなかった。当時のヨーロッパではゲーム前にコートアップを行う習慣がなかったためである。日本はトスアップまでの5分でランニングシュートを行い、午後6時、ついに中国戦がカナダの審判によって開始された[106]。

　開始直後、日本はアウト・オブ・バウンズのフォーメーションで中国をひっかけたが、パスが悪くカットされてしまい、好機を失した[107]。その後は、両チーム共に慎重にゲームを進め、まずは中国が得点を先取

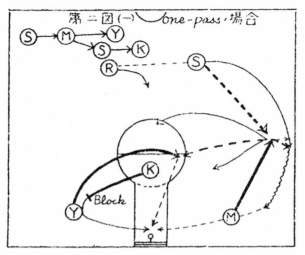

図2．セットオフェンス1

三橋誠（1938）競技報告，大日本バスケットボール協会編，第11回オリンピック大会籠球報
告書．大日本バスケットボール協会，p.30

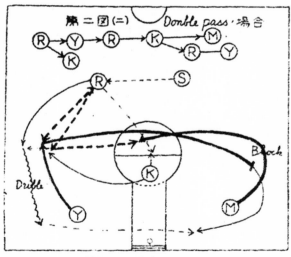

図3．セットオフェンス2

三橋誠（1938）競技報告，大日本バスケットボール協会編，第11回オリンピック大会籠球報
告書．大日本バスケットボール協会，p.31

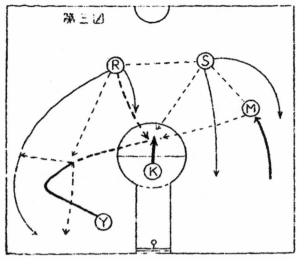

図 4．セットオフェンス 3

三橋誠（1938）競技報告，大日本バスケットボール協会編，第11回オリンピック大会籠球報
告書．大日本バスケットボール協会，p.31

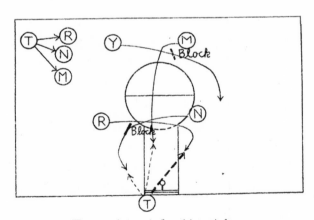

図 5．アウト・オブ・バウンズプレー

三橋誠（1938）競技報告，大日本バスケットボール協会編，第11回オリンピック大会籠球報
告書．大日本バスケットボール協会，p.32

した。一方の日本は5分に横山のフリースロー2本で追いつき、さらに李性求のゴールと横山のフリースロー1本により5-2と中国をリードした。その後、中国が攻勢にでて、2連続でフィールドゴール[108]を成功させ、10分には5-6と逆転した。しかし、横山が2本のフリースローと2本のフールドゴールを成功させ、11-6と日本が再びリードを奪い返した。さらに、17分には前田がフィールドゴールを連続で成功させ、15-6とリードを広げた。中国は19分に2つのフィールドゴールを成功させ、15-10と日本のリードを5点に縮めて前半を終えた[109]。

後半に入ると3分にパーソナルファウルが規定の4回に達したため中国のガードが退場した。慎重にオフェンスを展開した日本は、横山のフリースローと前田のロングシュート、中国はフィールゴールで得点を加え、5分には18-12と日本のリードは6点になった。後半6分、選手交代により李性求がベンチに下がり、代わって宗像がコートに立った[110]。ここまで192.7cmの長身をいかしてセンタージャンプのボールを有利に獲得してきた鹿子木であったが、後半10分あたりでパーソナルファウルが4回に達したため退場になり、代わって中江がセンターとしてコートに立った[111]。中江の身長は185.5cmであり、鹿子木のように身長による有利性を得ることはできなかったものの、日本はセンタージャンプにおいてボールの半分を獲得することができた[112]。日本は中国の悪いディフェンスに乗じてよくボールを回して、後半15分には28-17、18分には31-17とリードを広げた[113]。前述したとおり、日本は中国のファストブレイクを警戒していたものの実際には中国がファストブレイクを狙ってくることはなく、比較的楽にディフェンスを展開することができた[114]。さらに、このゲームにおける日本のFG%[115]は33%、FT%[116]は61%であった[117]。これに対して中国のFG%は19%、FT%は20%であり[118]、日本35点、中国19点と日本が中国を圧倒した[119]。第3国の地で第3国の審判のもと宿敵中国に勝利したことは、当時の日本にとって大きな価値があった[120]。

3－2．ポーランド戦

　中国戦の翌日にあたる8月8日に日本は、中国戦でプレータイムがなかったプレーヤーを中心にエストニアと20分ゲームを実施した[121]。また、この日は2回戦の組み合わせ抽選も行われた。2回戦以降の組み合わせも7月28日の代表者会議において決定していたが、勝ち上がるために意図的に1回戦を負けて敗者復活戦に回ろうとする国があるという話が持ち上がり、2回戦以降の組み合わせは改めて抽選することになり[122]、日本の2回戦の相手はポーランドに決まった[123]。ポーランドは練習マッチにおいて中国に勝利していた[124]。

　ポーランド戦のメンバーも中国戦と同様、三橋、浅野、高橋等のスタッフとキャプテンの田中とで相談のうえ決定した[125]。ポーランド戦では、オフェンスに重点を置くためにフォワードやセンターは中国戦のメンバーから変更せず、ガードでありながらオフェンス力の高い宗像を残し、ディフェンス力の高い李性求に代えてオフェンス力の高い張をメンバーに加えた[126]。ポーランド戦の作戦も中国戦と同様のものであったが、ポーランドのプレーヤーは体格が良く、ラフなプレーを展開するため、多少の変更を加えた。オフェンスでは、ロングパスを用いずショートパスを使用すること、パッサーがカットインすること、フォワードがサイドを変えること、鹿子木がアウトサイドに出た場合には横山がポストに入ること、ディフェンスでは中国戦と同様にマンツーマンディフェンスを採用したが、中国戦よりもマークマンとの距離をとることなどが変更された[127]。

　ポーランド戦は8月9日の午後4時、エストニアの審判によって開始された。スターティングメンバーは前田、横山、鹿子木、松井、宗像の5名であった[128]。日本は好調にスタートし、前田がフィールドゴール2本を成功させ、2分には4－0とし、10分には9－5、15分には16－5とポーランドとのリードを広げた。しかし、ポーランドの追撃により17分には16－13とポーランドが日本に迫った。ここで再び奮起した日本は、

松井、宗像、前田らの連続フィールドゴール成功により、23－13とポーランドを大きくリードして前半を終えた[129]。

　後半開始5分までは両チーム共に得点がなく、7分に松井がベンチに下がり、張がコートに立った。その後、宗像や張といったガード陣の活躍により、8分には30－13と日本がポーランドを引き離した。ポーランドは、ここから追撃して、後半10分には30－19と追い上げを見せた。後半12分には横山がベンチに下がり、中江がコートに立った[130]。ベルリンオリンピックのルールでは、交代してベンチに下がったプレーヤーは再びゲームに参加することができず、ベンチメンバーも2名に制限されていたため[131]、横山と中江が交代した時点で日本は交代枠の2つ全てを使い切ったことになる。その後は互いにゴールの応酬を重ね、後半15分には35－25、18分には40－29、最終スコアは日本43点、ポーランド31点で日本が勝利した[132]。

　ポーランドのディフェンスはオフボールマンを徹底的にマークするフェイスガードであり、マークマンを掴んだり、手をひっぱったりと乱暴なものであった。アメリカ式ルールでは審判2名でゲームを進行するが、ベルリンオリンピックで採用されたヨーロッパ式ルールの審判は1人のみであり、ポーランドの乱暴なファウルを裁くことができず、この点において日本は苦戦した[133]。前田によると、日本のプレーヤーがポーランドのプレーヤーにファウルされないように逃げ回るような有様であったという[134]。ただし、ポーランドはフォワードをディフェンスに参加させずに、攻撃するゴール側のコートに残したため、日本はオフェンスの場面でポーランドの4人のプレーヤーによるディフェンスに対して5人のプレーヤーによるオフェンスを展開することができた[135]。シュート成功率に目を向けると、日本のFG%は34%、FT%は50%であった[136]。これに対してポーランドのFG%は21%、FT%は58%であり[137]、日本がポーランドを圧倒する結果となった[138]。

3－3．メキシコ戦

　ポーランド戦の翌日にあたる８月10日は休養にあてられた。この日は３回戦以降の組み合わせ抽選が行われ、日本は３回戦でメキシコと対戦することになった[139]。アメリカに次ぐ長身チームであったメキシコは[140]、１回戦でベルギーに32－9で大勝し、２回戦でフィリピンに32－30で惜敗したものの敗者復活戦でエジプトに勝利し、３回戦に上がってきた[141]。この日の夜、メキシコ戦のスターティングメンバーとして中江、前田、鹿子木、松井、李性求、ベンチメンバーとして横山、宗像が発表された[142]。ベルリンオリンピックの出場国でゾーンディフェンスを採用するチームは少なかったが[143]、メキシコは3－2ゾーンディフェンスを採用していた[144]。第１章で述べたとおり、1924（大正13）年に早稲田大学がはじめて3－2ゾーンディフェンスを導入すると[145]、この戦術が高い効果を発揮し[146]、連勝36回の黄金時代を形成するに至った[147]。その後、1930（昭和５）年に開催された第２回全国高等学校大会では、ベスト４に進出した武蔵高等学校と優勝した成蹊高等学校が3－2ゾーンディフェスを採用し[148]、同年開催の第７回関東大学リーグ戦では中央大学、東京農業大学、立教大学、早稲田大学と８大学中４大学が3－2ゾーンディフェンスを採用した[149]。このように、メキシコが採用する3－2ゾーンディフェンスは、既に1930（昭和５）年頃の日本において主要なディフェンス戦術のひとつとなっていた。しかし、1930年代の日本では、ディフェンス戦術としてマンツーマンディフェンスが多くのチームに採用され、ゾーンディフェンスを採用するチームがほとんどなかった[150]。三橋は戦前にメキシコがゾーンディフェンスを採用することを把握しており[151]、メキシコの3－2ゾーンディフェンスに対してトップからウィングにボールを出して、これを再びトップに返してゴールに向かってカットインすること、パスをよくまわすこと、この時にコーナーが開いた場合には、コーナーにボールを落とすことにより得点のチャンスを作り出すことにした[152]。

8月13日、3回戦であるメキシコ戦の幕が切って落とされた。日本は出だしに7−0とメキシコをリードした[153]。ここで日本はメキシコのディフェンスがゾーンディフェンスであることを確認した。すると、日本はメキシコのゾーンディフェンスを攻略する意識が強くなり、「パスを回せ」、「パスだパスだ」といった声がプレーヤー間で交わされるようになったが、うまくパスを回すことができなかった[154]。その後、10分までは互いに得点がなかったが、メキシコがリバウンドボールを獲得して攻撃回数を増加させると、17分には7−6とメキシコが日本に1点差まで迫った。さらに、17分には8−9とメキシコが日本を逆転した。日本はボールを回すのみでシュートを打たず、18分にはメキシコがフィールドゴール1本とフリースロー1本を沈め、8−12と日本をさらに引き離してハーフタイムに入った[155]。

　後半は中江と李性求がベンチに下がり、代わって横山と宗像がコートに立った。冒頭、メキシコのフィールドゴールが決まれば、前田がフリースローを2本沈め、10−14と日本がメキシコに追いすがった。後半5分、さらにメキシコがフィールドゴールを決めて、10−16と日本を引き離しにかかると、日本も横山らの得点で7分には15−16とメキシコに迫った。メキシコは後半10分に15−20と日本との差を広げたが、13分に松井のロングシュートが決まり、17−20とその差は僅かに3点になった。しかし、メキシコはフィールドゴールとフリースローを1本ずつ成功させ、後半15分にはスコアを17−23とした。6点差をつけられた日本は鹿子木のフリースローと横山のフィールドゴールにより、後半18分には20−23とメキシコを追い上げた。後半18分半には、前田がファウルアウトし、中江が代わってコートに入った。日本は、すでに2つの交代枠を使い果たしていたが、交代枠を使い切った後でもコート上のプレーヤーがファウルアウトになった場合には、選手交代でベンチに下がったプレーヤーが再びコートに立つことができた。その後、メキシコはフリースローとフィールドゴールを1本ずつ成功させ、後半19分には20−26と再び日本との差を6点とした。時間がない日本は松井がフィールドゴール

を成功させ、22−26としたが、タイムアップ直前にメキシコがフィール
ドゴールを成功させ万事休す。日本は22−28でメキシコに惜敗した[156]。

　戦前の予想どおりメキシコのディフェンスは3−2ゾーンディフェンス
であった。戦前にメキシコが3−2ゾーンディフェンスを使用すること
を把握し、その対策を立てていたものの、前述したとおり1930年代の
日本ではディフェンス戦術としてマンツーマンディフェンスが多くの
チームに採用され、ゾーンディフェンスを採用するチームはほとんどな
かった[157]。そのため、日本のプレーヤーはゾーンアタックの経験がな
く、コート上のプレーヤーが個々に知っている範囲で最善を尽くすよう
な状態であり、なかにはマンツーマンディフェンスと同様に考えていた
プレーヤーもいた[158]。さらに、メキシコの3−2ゾーンディフェンスは
ボールがディフェンスエリアに近づくとフロントラインがフリースロー
ラインまで下がり、インサイドのスペースを狭くするといった変測的な
ものであった[159]。しかし、ベルリンオリンピックのルールではタイム
アウトが認められていなかったため、ゾーンアタックについて修正する
ことができずにゲームが進んでいった。ハーフタイムに日本はメキシ
コのゾーンディフェンスのエリアが横に広く縦に狭いものであることか
ら、パスをサイドではなく、ハイポストに入れる方が効果的であると考
え、従来から採用してきたハイポストにボールを入れるフォーメーショ
ンを用いることを確認して後半に臨んだ[160]。しかし、メキシコの3−2
ゾーンディフェンスはフロントラインがフリースローラインまで下がる
隊形をとるのでハイポストにスペースはなく、日本はメキシコのゾーン
ディフェンスを攻略できなかったようである[161]。当時の記述からメキ
シコの3−2ゾーンディフェンスの隊形を再現すると図6のようになり、
フリースローラインよりもゴール側のエリアのスペースが極端に狭い
ことが確認できる。シュート成功率に目を向けると日本のFG％は19％、
FT％40、一方のメキシコのFG％は31％、FT％73とシュート成功率で日
本は大きくメキシコを下回り[162]、3回戦で姿を消すこととなった[163]。

図６．メキシコの3－2ゾーンディフェンス

４．敗戦後のバスケットボール日本選手団の動向

　８月14日に実施されたアメリカとカナダの決勝戦はレインコートを着ていても中を雨がつたうほどの大変な土砂降りのなかで行われた[164]。当時の日本における屋外コートでのゲームは、降雨の場合、会場を屋内に変更するなどの措置がとられていたが[165]、ヨーロッパではサッカーやラグビーなどと同じようにバスケットボールは雨のなかでも実施されるものとして捉えられており[166]、オリンピックの競技スケジュールも雨天を考慮して組まれてはいなかった[167]。降雨のなかで行われた決勝戦は、ボールと一緒に泥をつかんだり、シュートを打つと赤煉瓦の粉のようなものが落ちてくるような状態であった[168]。大会結果はアメリカが優勝、カナダが準優勝、メキシコが３位と上位は北米の国々で占められ[169]、４位はポーランド、５位フィリピン、６位ウルグアイであった[170]。ポーランドが１回戦でイタリアに敗れ、さらに２回戦で日本に敗れ、敗者復活戦では不戦勝となり、３回戦ではブラジルに勝利したものの４回戦では対戦国のペルーの棄権による不戦勝、準決勝でカナダに、３位決定戦で

メキシコに敗れて4位入賞という結果に参加各国の不満は大きかった[171]。

　こうして日本のバスケットボールが初めて挑戦したオリンピックは、3回戦敗退という結果で幕を閉じたが、ベルリンではプレーヤーやコーチ以外にも日本のバスケットボール関係者が奮闘していた。ベルリンオリンピックの開催にあたって、李想白と竹崎の2名が国際審判員として公認され、李想白は大会中、2ゲームの審判を努めたが、竹崎は足部の怪我により審判を務めることはなかった。また、浅野は技術委員会の委員として推薦され、審判や役員の割り当てや競技場における諸問題の解決にあたった。大会と並行して8月8日から14日まで国際バスケットボール連盟の第1回総会がドイツ体育大学において開催され、日本からは浅野と李想白が代表、竹崎が補助として出席した[172]。この会議において日本は身長180cm以下のクラスと身長制限のないクラスのクラス別を提案し[173]、190cm以下のクラスを設けることが決定された[174]。しかし、ベルリンオリンピックの4年後に計画されていた東京オリンピックが戦況の悪化のため中止となり、身長のクラス別が実際に施行されることはなかった。

　日本のバスケットボール選手団は、8月18日の早朝にベルリンを後にし、ロンドンへと向かった。途中、ベルギーの都、ブリュッセルに一泊し、ロンドンには8月19日に到着した。ロンドンでは2泊して市内見学をし、8月21日には36人乗りの飛行機でドーバー海峡を横断してフランスへと移動した[175]。フランスでは日本のバスケットボール選手団を招聘したフランス・レーシングクラブのチーム[176]、フランス代表チームと対戦した[177]。その後、8月24日にフランスを後にし、スイスへと向かった[178]。スイスでは8月26日にスイス代表チームと2戦し、いずれも圧勝した。こうして日本のバスケットボール選手団はベルリンオリンピック終了後にヨーロッパを転戦し、8月28日、鹿島丸に乗船して他競技の選手団とともにマルセイユから帰国の途に就いた[179]。鹿島丸に乗船した一般客は10人程度であり、鹿島丸のほとんどを日本選手団で独占することになった。したがって、日本選手団は船室を1等から3等にわたって

使用することになり、これを本部および各競技の選手団になるべく公平を期するように配当し、食事等の待遇も平等になるように調整した。鹿島丸の寄港地はポートサイド、スエズ、コロンボ、シンガポール、香港、上海であった[180]。9月19日には、上陸したシンガポールにて星華選抜軍と対戦した[181]。観衆約3,000人が詰めかけた公開ゲームであったが、コートの状態が悪く、ボールをキャッチする際に頭から顔から容赦なく泥を浴びるような状態であった[182]。日本は、星華選抜軍のゾーンディフェンスに一寸まごついたものの53−27というスコアで[183]、圧勝した[184]。日本選手団を乗せた鹿島丸は予定よりも1日早い[185]、10月2日に神戸に到着し、36日間にわたる航海を終えた[186]。出国から帰国までの練習マッチを含む対戦成績は表4のとおりである。

　こうして、ベルリンオリンピックでの戦いを終えた日本は、4年後の1940（昭和15）年に東京で開催される第12回大会に向けて歩を進め始めた[187]。しかし、1937（昭和12）年に日中戦争が勃発し第二次世界大戦へと突入していくと、戦火の拡大と共に、それまで活発に行われてきたバスケットボールはしだいに下火となり[188]、1938（昭和13）年7月19日のオリンピック組織委員会において第12回大会の中止と開催権の返上が正式に決定された[189]。第12回大会の開催権はヘルシンキへと移ったが、ソビエト軍のフィンランド侵略により中止に追い込まれ、1944（昭和19）年にロンドンでの開催が予定されていた第13回大会も、長引く戦火の影響で中止となった[190]。戦後、在京の有志が集まり、富田を中心に全国協会設立準備委員会を組織し、1945（昭和20）年12月に「日本バスケットボール協会」として協会が再発足した[191]。日本バスケットボール協会が発足して3年後の1948（昭和23）年にはロンドンオリンピックが開催されたが、敗戦国である日本が招待されることはなかった[192]。1951（昭和26）年、日本バスケットボール協会は翌年に開催されるヘルシンキオリンピックに選手団をおくる大方針を決定し、コーチングスタッフによる候補選手の選出にあたっていたが、日本体育協会国際委員会の決定より、バスケットボールの選手団をヘルシンキオリンピックにおくることはか

表 4．出国から帰国までの対戦成績

日	ゲーム種別	得点	勝敗
7月12日	練習マッチ	日本69 − 6　ドイツ	○
7月20日	練習マッチ	日本25 − 10　ウルグアイ（風雨のため中止）	
7月21日	練習マッチ	日本27 − 29　ウルグアイ	●
7月26日	練習マッチ	日本41 − 15　ハンガリー	○
7月26日	練習マッチ	日本33 − 28　ハンガリー	○
7月31日	練習マッチ	日本42 − 16　ペルー	○
8月7日	オリンピック1回戦	日本35 − 19　中国	○
8月9日	オリンピック2回戦	日本43 − 31　ポーランド	○
8月11日	オリンピック3回戦	日本22 − 28　メキシコ	●
8月22日	練習マッチ	日本69 − 17　フランス・レーシング・クラブ	○
8月22日	練習マッチ	日本43 − 34　フランス	○
8月26日	練習マッチ	日本50 − 12　スイス・セカンドチーム	○
8月26日	練習マッチ	日本33 − 19　スイス・ファーストチーム	○
9月19日	練習マッチ	日本53 − 27　星華選抜	○

なわなかった[193]。

【注記及び参考文献】

1 ）日本バスケットボール協会広報部会編（1981）バスケットボールの歩み．日本バスケットボール協会，p.99.
2 ）坂勘造編（1935）オリムピックニュース．籠球，（11）：82.
3 ）坂勘造編（1935）オリムピックページ．籠球，（15）：64.
4 ）坂勘造編（1936）オリムピックページ．籠球，（16）：48.
5 ）三橋誠（1936）籠球．オリムピック，14（5）：40.
6 ）坂勘造編（1936）オリムピックページ．籠球，（16）：48.
7 ）編集部（1936）オリムピック候補の横顔．籠球，（16）：55.
8 ）三橋誠（1936）籠球．オリムピック，14（5）：38-40.
9 ）高橋太郎（1936）籠球代表選手の合宿．オリムピック，14（6）：29.
10）坂勘造編（1936）公示．籠球，（17）：2.
11）のちに田中は，自身がキャプテンを務めるからには平塚を除いたほうがチームワークをとることができると判断し，平塚の先輩にあたる三ツ本に相談して，平塚に健康上の理由で参加を諦めてもらったことを回顧している（田中秀次郎他（1981）座談会ベルリン・オリンピック大会，日本バスケットボール協会広報部会編，バスケットボールの歩み，p.103）。

12）郷隆編（1936）オリムピック代表の横顔．オリムピツク，14（5）：21.

13）坂勘造編（1936）公示．籠球，（17）：2.

14）大日本体育協会編（1937）第11回オリンピック大会報告書．大日本体育協会，p.18.

15）浅野延秋（1938）籠球代表の行動に就て，大日本バスケットボール協会編，第11回オリンピック大会籠球報告書．大日本バスケットボール協会，p.2.

16）三橋誠（1936）籠球．オリムピツク，14（5）：41.

17）坂勘造（1936）バスケットボール．オリムピツク，14（8）：53.

18）坂勘造ほか（1936）籠球．オリムピツク，14（10）：55.

19）田中秀次郎（1936）抱負を語る．籠球，（17）：6.

20）高橋太郎（1936）籠球代表選手の合宿．オリムピツク，14（5）：29.

21）三橋誠（1936）籠球．オリムピツク，14（5）：39.

22）坂勘造編（1936）オリムピック遠征選手送別会．籠球，（17）：25.

23）高橋太郎（1938）遠征日誌，大日本バスケットボール協会編，第11回オリンピック大会籠球報告書．大日本バスケットボール協会，p.7.

24）石田眞七（311）庶務報告，大日本体育協会編，第11回オリンピック大会報告書．大日本体育協会，p.311.

25）高橋太郎（1938）遠征日誌，大日本バスケットボール協会編，第11回オリンピック大会籠球報告書．大日本バスケットボール協会，p.7.

26）石田眞七（1937）庶務報告，大日本体育協会編，第11回オリンピック大会報告書．大日本体育協会，p.311.

27）高橋太郎（1938）遠征日誌，大日本バスケットボール協会編，第11回オリンピック大会籠球報告書．大日本バスケットボール協会，p.8.

28）三橋誠（1938）競技報告，大日本バスケットボール協会編，第11回オリンピック大会籠球報告書．大日本バスケットボール協会，p.27.

29）高橋太郎（1936）オリムピック村に於ける籠球チームの生活．オリムピツク，14（12）：78.

30）石田眞七（1937）庶務報告，大日本体育協会編，第11回オリンピック大会報告書．大日本体育協会，p.312.

31）三橋誠（1938）競技報告，大日本バスケットボール協会編，第11回オリンピック大会籠球報告書．大日本バスケットボール協会，p.28.

32）高橋太郎（1936）オリムピック村に於ける籠球チームの生活．オリムピツク，14（12）：78.

33）高橋太郎（1938）遠征日誌，大日本バスケットボール協会編，第11回オリンピック大会籠球報告書．大日本バスケットボール協会，p.8.

34）大日本体育協会編（1937）第11回オリンピック大会報告書．大日本体育協会，pp.403-405.

35）浅野延秋（1938）世界籠球界その他，大日本バスケットボール協会編，第11回オリンピック大会籠球報告書．大日本バスケットボール協会，pp.130-131.

36）宮崎正雄（1936）オリムピック籠球評．体育と競技，15（10）：4.

37）浅野延秋（1936）オリムピック便り．籠球，（18）：101.

38）高橋太郎（1938）遠征日誌，大日本バスケットボール協会編，第11回オリンピック大会籠球報告書．大日本バスケットボール協会，p.8.

39）三橋誠（1938）競技報告，大日本バスケットボール協会編，第11回オリンピック大会籠球報告書．大日本バスケットボール協会，p.27.

40）浅野延秋（1938）世界籠球界その他，大日本バスケットボール協会編，第11回オリンピック大会籠球報告書．大日本バスケットボール協会，p.131.

41）三橋誠（1938）競技報告，大日本バスケットボール協会編，第11回オリンピック大会籠球報告書．大日本バスケットボール協会，p.27.

42）浅野延秋（1938）世界籠球界その他，大日本バスケットボール協会編，第11回オリンピック大会籠球報告書．大日本バスケットボール協会，pp.130-131.

43）1936（昭和11）年発行の『籠球』では，日本は「從來殆んど米國流規則を採用（極少部分を除いて）してゐる」（李想白（1936）国際会議を中心として：FIB伯林会議に出席するの記．籠球，（18）：48-49）と述べられており，『昭和12・13年度バスケットボール競技規則』においても「從來は概ね米國新規則に準據して改正を加ふる慣例なり」（大日本バスケットボール協会編（1937）昭和12・13年バスケットボール競技規則．大日本バスケットボール協会，p.4）とされている。

44）坂勘造編（1936）オリムピックページ．籠球，（16）：50.

45）浅野延秋（1938）籠球代表の行動に就て，大日本バスケットボール協会編，第11回オリンピック大会籠球報告書．大日本バスケットボール協会，p.3.

46）三橋誠（1936）オリムピック便り．籠球，（18）：103.

47）三橋誠（1938）競技報告，大日本バスケットボール協会編，第11回オリンピック大会籠球報告書．大日本バスケットボール協会，p.27.

48）高橋太郎（1938）遠征日誌，大日本バスケットボール協会編，第11回オリンピック大会籠球報告書．大日本バスケットボール協会，p.8.

49）高橋太郎（1936）オリムピック村に於ける籠球チームの生活．オリムピック，14（12）：78.

50）石田眞七（311）庶務報告，大日本体育協会編，第11回オリンピック大会報告書．大日本体育協会，p.311.

51）浅野延秋（1938）籠球代表の行動に就て，大日本バスケットボール協会編，第11回オリンピック大会籠球報告書．大日本バスケットボール協会，p.3.

52）横山堅七（1938）無念，大日本バスケットボール協会編，第11回オリンピック大会籠球報告書．大日本バスケットボール協会，p.93.

53）高橋太郎（1938）遠征日誌，大日本バスケットボール協会編，第11回オリンピック大会籠球報告書．大日本バスケットボール協会，p.9.

54）三橋誠（1938）競技報告，大日本バスケットボール協会編，第11回オリンピック大会籠球報告書．大日本バスケットボール協会，p.27.

55）李性求（1936）籠球練習ゲームを中心として．オリムピック，14（12）：84.

56）高橋太郎（1938）遠征日誌，大日本バスケットボール協会編，第11回オリンピック大会籠球報告書．大日本バスケットボール協会，p.9.

57）三橋誠（1938）競技報告，大日本バスケットボール協会編，第11回オリンピック大会籠球報告書．大日本バスケットボール協会，p.28.

58）三橋誠（1938）競技報告，大日本バスケットボール協会編，第11回オリンピック大会籠球報告書．大日本バスケットボール協会，p.28.

59）浅野延秋（1938）籠球代表の行動に就て，大日本バスケットボール協会編，第11回オリンピック大会籠球報告書．大日本バスケットボール協会，p.3.

60）石田眞七（311）庶務報告，大日本体育協会編，第11回オリンピック大会報告書．大日本体育協会，p.311.

61）高橋太郎（1938）遠征日誌，大日本バスケットボール協会編，第11回オリンピック大会籠球報告書．大日本バスケットボール協会，p.9.

62）高橋太郎（1938）遠征日誌，大日本バスケットボール協会編，第11回オリンピック大会籠球報告書．大日本バスケットボール協会，pp.9-10.

63）浅野延秋（1938）籠球代表の行動に就て，大日本バスケットボール協会編，第11回オリンピック大会籠球報告書．大日本バスケットボール協会，p.3.

64）三橋誠（1938）競技報告，大日本バスケットボール協会編，第11回オリンピック大会籠球報告書．大日本バスケットボール協会，p.28.

65）三橋誠（1938）競技報告，大日本バスケットボール協会編，第11回オリンピック大会籠球報告書．大日本バスケットボール協会，p.28.

66）三橋誠（1938）競技報告，大日本バスケットボール協会編，第11回オリンピック大会籠球報告書．大日本バスケットボール協会，p.28.

67）浅野延秋（1938）籠球代表の行動に就て，大日本バスケットボール協会編，第11回オリンピック大会籠球報告書．大日本バスケットボール協会，p.3.

68）三橋誠（1938）競技報告，大日本バスケットボール協会編，第11回オリンピック大会籠球報告書．大日本バスケットボール協会，p.28.

69）高橋太郎（1938）遠征日誌，大日本バスケットボール協会編，第11回オリンピック大会籠球報告書．大日本バスケットボール協会，p.10.

70）浅野延秋（1938）籠球代表の行動に就て，大日本バスケットボール協会編，第11回オリンピック大会籠球報告書．大日本バスケットボール協会，p.3.

71）浅野延秋（1938）籠球代表の行動に就て，大日本バスケットボール協会編，第11回オリンピック大会籠球報告書．大日本バスケットボール協会，p.3.

72）三橋誠（1938）競技報告，大日本バスケットボール協会編，第11回オリンピック大会籠球報告書．大日本バスケットボール協会，p.28.

73）浅野延秋（1938）籠球代表の行動に就て，大日本バスケットボール協会編，第11回オリンピック大会籠球報告書．大日本バスケットボール協会，p.3.

74）横山堅七（1938）無念，大日本バスケットボール協会編，第11回オリンピック大会籠球報告書．大日本バスケットボール協会，p.93.

75）浅野延秋（1938）籠球代表の行動に就て，大日本バスケットボール協会編，第11回オリンピック大会籠球報告書．大日本バスケットボール協会，p.3.

76）三橋誠（1938）競技報告，大日本バスケットボール協会編，第11回オリンピック大会籠球報告書．大日本バスケットボール協会，p.28.

77) 高橋太郎（1936）オリムピツク村に於ける籠球チームの生活．オリムピック，14（12）：78.

78) 浅野延秋（1938）籠球代表の行動に就て，大日本バスケットボール協会編，第11回オリンピック大会籠球報告書．大日本バスケットボール協会，p.3.

79) 高橋太郎（1938）遠征日誌，大日本バスケットボール協会編，第11回オリンピック大会籠球報告書．大日本バスケットボール協会，p.10.

80) 松井聡（1938）懐想，大日本バスケットボール協会編，第11回オリンピック大会籠球報告書．大日本バスケットボール協会，p.95.

81) 浅野延秋（1938）籠球代表の行動に就て，大日本バスケットボール協会編，第11回オリンピック大会籠球報告書．大日本バスケットボール協会，p.4.

82) 三橋誠（1936）オリムピック便り．籠球，（17）：104.

83) 高橋太郎（1938）遠征日誌，大日本バスケットボール協会編，第11回オリンピック大会籠球報告書．大日本バスケットボール協会，p.11.

84) 三橋誠（1938）競技報告，大日本バスケットボール協会編，第11回オリンピック大会籠球報告書．大日本バスケットボール協会，p.29.

85) 三橋誠（1938）競技報告，大日本バスケットボール協会編，第11回オリンピック大会籠球報告書．大日本バスケットボール協会，p.29.

86) 浅野延秋（1938）籠球代表の行動に就て，大日本バスケットボール協会編，第11回オリンピック大会籠球報告書．大日本バスケットボール協会，p.3.

87) 高橋太郎（1938）遠征日誌，大日本バスケットボール協会編，第11回オリンピック大会籠球報告書．大日本バスケットボール協会，p.11.

88) 三橋誠（1938）競技報告，大日本バスケットボール協会編，第11回オリンピック大会籠球報告書．大日本バスケットボール協会，p.29.

89) 高橋太郎（1938）遠征日誌，大日本バスケットボール協会編，第11回オリンピック大会籠球報告書．大日本バスケットボール協会，p.11.

90) 三橋誠（1938）競技報告，大日本バスケットボール協会編，第11回オリンピック大会籠球報告書．大日本バスケットボール協会，pp.29-30.

91) 高橋太郎（1938）遠征日誌，大日本バスケットボール協会編，第11回オリンピック大会籠球報告書．大日本バスケットボール協会，p.11.

92) 三橋誠（1936）オリンピック籠球競技について．オリンピック，14（11）：32.

93) 浅野延秋（1938）世界籠球界その他，大日本バスケットボール協会編，第11回オリンピック大会籠球報告書．大日本バスケットボール協会，p.11.

94) 三橋誠（1938）競技報告，大日本バスケットボール協会編，第11回オリンピック大会籠球報告書．大日本バスケットボール協会，p.33.

95) 三橋誠（1938）競技報告，大日本バスケットボール協会編，第11回オリンピック大会籠球報告書．大日本バスケットボール協会，p.30.

96) 大日本体育協会編（1937）第11回オリンピック大会報告書．大日本体育協会，p.26.

97) 三橋誠（1938）競技報告，大日本バスケットボール協会編，第11回オリンピック大会籠球報告書．大日本バスケットボール協会，p.30.

98）三橋誠（1938）競技報告，大日本バスケットボール協会編，第11回オリンピック大会籠球報告書．大日本バスケットボール協会，p.30.

99）三橋誠（1938）競技報告，大日本バスケットボール協会編，第11回オリンピック大会籠球報告書．大日本バスケットボール協会，pp.30-31.

100）小谷究（2015）日本のバスケットボール競技におけるファストブレイクに関する史的研究：1930年代のルール改正とコートの大きさに着目して．バスケットボール研究，（1）：7.

101）小谷究（2015）日本のバスケットボール競技におけるオフェンス参加人数に関する史的研究（1920年代初期〜1930年代初期）：5人でのオフェンスの採用過程に着目して．東京体育学研究，6：19.

102）小谷究（2015）日本のバスケットボール競技におけるオフボールスクリーンの採用過程に関する研究．運動とスポーツの科学，21（1）：6.

103）三橋誠他（1938）オリムピック遠征軍座談会，大日本バスケットボール協会編，第11回オリンピック大会籠球報告書．大日本バスケットボール協会，p.59.

104）三橋誠（1938）競技報告，大日本バスケットボール協会編，第11回オリンピック大会籠球報告書．大日本バスケットボール協会，p.32.

105）浅野延秋（1938）籠球代表の行動に就て，大日本バスケットボール協会編，第11回オリンピック大会籠球報告書．大日本バスケットボール協会，p.4.

106）三橋誠（1938）競技報告，大日本バスケットボール協会編，第11回オリンピック大会籠球報告書．大日本バスケットボール協会，p.33.

107）三橋誠（1938）競技報告，大日本バスケットボール協会編，第11回オリンピック大会籠球報告書．大日本バスケットボール協会，p.33.

108）フィールゴールとは「フリースローを除いた，ライブの状態で放ったショット」（小野秀二，小谷究ほか（2017）バスケットボール用語事典．廣済堂出版，p.157）とされる。

109）高橋太郎（1938）遠征日誌，大日本バスケットボール協会編，第11回オリンピック大会籠球報告書．大日本バスケットボール協会，p.19.

110）高橋太郎（1938）遠征日誌，大日本バスケットボール協会編，第11回オリンピック大会籠球報告書．大日本バスケットボール協会，p.19.

111）三橋誠他（1938）オリムピック遠征軍座談会，大日本バスケットボール協会編，第11回オリンピック大会籠球報告書．大日本バスケットボール協会，pp.55-56.

112）三橋誠（1938）競技報告，大日本バスケットボール協会編，第11回オリンピック大会籠球報告書．大日本バスケットボール協会，p.34.

113）高橋太郎（1938）遠征日誌，大日本バスケットボール協会編，第11回オリンピック大会籠球報告書．大日本バスケットボール協会，p.19.

114）三橋誠（1938）競技報告，大日本バスケットボール協会編，第11回オリンピック大会籠球報告書．大日本バスケットボール協会，p.33.

115）FG％はフィールドゴールの成功率のことである。

116）FT％はフリースローの成功率のことである。

117）三橋誠（1938）競技報告，大日本バスケットボール協会編，第11回オリンピッ

ク大会籠球報告書．大日本バスケットボール協会，p.34.

118）三橋誠（1938）競技報告，大日本バスケットボール協会編，第11回オリンピック大会籠球報告書．大日本バスケットボール協会，p.34.

119）浅野延秋（1938）籠球代表の行動に就て，大日本バスケットボール協会編，第11回オリンピック大会籠球報告書．大日本バスケットボール協会，p.6.

120）高橋太郎（1938）遠征日誌，大日本バスケットボール協会編，第11回オリンピック大会籠球報告書．大日本バスケットボール協会，p.11.

121）三橋誠（1938）競技報告，大日本バスケットボール協会編，第11回オリンピック大会籠球報告書．大日本バスケットボール協会，p.34.

122）浅野延秋（1936）オリムピック便り．籠球，（17）：105.

123）高橋太郎（1938）遠征日誌，大日本バスケットボール協会編，第11回オリンピック大会籠球報告書．大日本バスケットボール協会，p.11.

124）三橋誠（1936）オリンピック籠球競技について．オリンピック，14（11）：32.

125）三橋誠（1938）競技報告，大日本バスケットボール協会編，第11回オリンピック大会籠球報告書．大日本バスケットボール協会，pp.34-35.

126）三橋誠他（1938）オリムピック遠征軍座談会，大日本バスケットボール協会編，第11回オリンピック大会籠球報告書．大日本バスケットボール協会，pp.60-61.

127）三橋誠（1938）競技報告，大日本バスケットボール協会編，第11回オリンピック大会籠球報告書．大日本バスケットボール協会，p.35.

128）三橋誠（1938）競技報告，大日本バスケットボール協会編，第11回オリンピック大会籠球報告書．大日本バスケットボール協会，p.35.

129）高橋太郎（1938）遠征日誌，大日本バスケットボール協会編，第11回オリンピック大会籠球報告書．大日本バスケットボール協会，p.20.

130）高橋太郎（1938）遠征日誌，大日本バスケットボール協会編，第11回オリンピック大会籠球報告書．大日本バスケットボール協会，p.20.

131）浅野延秋（1938）国際籠球連盟総会報告書，大日本バスケットボール協会編，第11回オリンピック大会籠球報告書．大日本バスケットボール協会，p.119.

132）高橋太郎（1938）遠征日誌，大日本バスケットボール協会編，第11回オリンピック大会籠球報告書．大日本バスケットボール協会，p.20.

133）前田昌保，鹿子木健日子他（1938）オリムピック遠征軍座談会，大日本バスケットボール協会編，第11回オリンピック大会籠球報告書．大日本バスケットボール協会，p.61.

134）前田昌保（1938）回想，大日本バスケットボール協会編，第11回オリンピック大会籠球報告書．大日本バスケットボール協会，p.91.

135）三橋誠（1938）競技報告，大日本バスケットボール協会編，第11回オリンピック大会籠球報告書．大日本バスケットボール協会，p.35.

136）三橋誠（1938）競技報告，大日本バスケットボール協会編，第11回オリンピック大会籠球報告書．大日本バスケットボール協会，p.36.

137）三橋誠（1938）競技報告，大日本バスケットボール協会編，第11回オリンピック大会籠球報告書．大日本バスケットボール協会，p.36.

138) 浅野延秋（1938）籠球代表の行動に就て．大日本バスケットボール協会編，第11回オリンピック大会籠球報告書．大日本バスケットボール協会，p.6.

139) 高橋太郎（1938）遠征日誌．大日本バスケットボール協会編，第11回オリンピック大会籠球報告書．大日本バスケットボール協会，p.12.

140) 前田昌保（1938）回想．大日本バスケットボール協会編，第11回オリンピック大会籠球報告書．大日本バスケットボール協会，p.91.

141) 三橋誠（1936）オリンピック籠球競技について．オリンピック，14（11）：32.

142) 高橋太郎（1938）遠征日誌．大日本バスケットボール協会編，第11回オリンピック大会籠球報告書．大日本バスケットボール協会，p.12.

143) 三橋誠（1936）オリンピック籠球競技について．オリンピック，14（11）：32.

144) 三橋誠他（1938）オリムピック遠征軍座談会，大日本バスケットボール協会編，第11回オリンピック大会籠球報告書．大日本バスケットボール協会，p.67.

145) 牧山圭秀（1983）技術の変遷，早稲田大学RDR倶楽部編，RDR60早稲田大学バスケットボール部60年史．早稲田大学RDR倶楽部，p.245.

146) 笈田欣治（2003）日本におけるバスケットボール変遷史から見た日本バスケットボールの今後の課題について一考察．関西大学文学論集，52（3）：83.

147) 浅野延秋（1931）我籠球部の生ひ立・早大の巻．ATHLETICS，9（1）：134.

148) 阪勘造（1930）第2回全国高校籠球大会記．ATHLETICS，8（9）：66-67.

149) このことに関連する史料として，以下のものがあげられる．
　・阪勘造（1930）8大学籠球リーグ戦戦評．ATHLETICS，8（12）：80.
　・薬師寺尊正編（1931）8大学籠球リーグ戦．ATHLETICS，9（1）：114-115.

150) 小谷究（2016）日本のバスケットボール競技におけるゾーンディフェンスの採用過程に関する史的研究（1930年代－1940年代初期）：オフェンスとディフェンスとの相関関係に着目して．身体運動文化研究，21（1）：7.

151) 三橋誠他（1938）オリムピック遠征軍座談会，大日本バスケットボール協会編，第11回オリンピック大会籠球報告書．大日本バスケットボール協会，p.66.

152) 三橋誠（1938）競技報告，大日本バスケットボール協会編，第11回オリンピック大会籠球報告書．大日本バスケットボール協会，p.37.

153) 高橋太郎（1938）遠征日誌，大日本バスケットボール協会編，第11回オリンピック大会籠球報告書．大日本バスケットボール協会，p.12.

154) 三橋誠（1938）競技報告，大日本バスケットボール協会編，第11回オリンピック大会籠球報告書．大日本バスケットボール協会，p.33.

155) 高橋太郎（1938）遠征日誌，大日本バスケットボール協会編，第11回オリンピック大会籠球報告書．大日本バスケットボール協会，p.20.

156) 高橋太郎（1938）遠征日誌，大日本バスケットボール協会編，第11回オリンピック大会籠球報告書．大日本バスケットボール協会，p.20.

157) 小谷究（2016）日本のバスケットボール競技におけるゾーンディフェンスの採用過程に関する史的研究（1930年代－1940年代初期）：オフェンスとディフェンスとの相関関係に着目して．身体運動文化研究，21（1）：7.

158) 前田昌保（1936）回想．オリンピック，14（12）：80.

159）三橋誠他（1938）オリムピック遠征軍座談会，大日本バスケットボール協会編，第11回オリンピック大会籠球報告書．大日本バスケットボール協会，p.67.

160）三橋誠（1938）競技報告，大日本バスケットボール協会編，第11回オリンピック大会籠球報告書．大日本バスケットボール協会，p.38.

161）李想白（1937）予想を裏切る無念の敗退．アサヒ・スポーツ，14（22）：32.

162）三橋誠（1938）競技報告，大日本バスケットボール協会編，第11回オリンピック大会籠球報告書．大日本バスケットボール協会，p.39.

163）浅野延秋（1938）籠球代表の行動に就て，大日本バスケットボール協会編，第11回オリンピック大会籠球報告書．大日本バスケットボール協会，p.4.

164）浅野延秋他（1938）オリムピック遠征軍座談会，大日本バスケットボール協会編，第11回オリンピック大会籠球報告書．大日本バスケットボール協会，p.76.

165）尾崎金次郎編（1924）東海予選．アサヒ・スポーツ，2（10）：25.

166）前田昌保他（1938）オリムピック遠征軍座談会，大日本バスケットボール協会編，第11回オリンピック大会籠球報告書．大日本バスケットボール協会，p.77.

167）浅野延秋他（1938）オリムピック遠征軍座談会，大日本バスケットボール協会編，第11回オリンピック大会籠球報告書．大日本バスケットボール協会，p.77.

168）浅野延秋他（1938）オリムピック遠征軍座談会，大日本バスケットボール協会編，第11回オリンピック大会籠球報告書．大日本バスケットボール協会，p.76.

169）浅野延秋（1938）籠球代表の行動に就て，大日本バスケットボール協会編，第11回オリンピック大会籠球報告書．大日本バスケットボール協会，p.4.

170）高橋太郎（1938）遠征日誌，大日本バスケットボール協会編，第11回オリンピック大会籠球報告書．大日本バスケットボール協会，p.12.

171）浅野延秋（1938）籠球代表の行動に就て，大日本バスケットボール協会編，第11回オリンピック大会籠球報告書．大日本バスケットボール協会，p.4.

172）浅野延秋（1938）籠球代表の行動に就て，大日本バスケットボール協会編，第11回オリンピック大会籠球報告書．大日本バスケットボール協会，pp.4-5.

173）浅野延秋（1938）国際籠球連盟総会報告書，大日本バスケットボール協会編，第11回オリンピック大会籠球報告書．大日本バスケットボール協会，p.111.

174）浅野延秋（1938）国際籠球連盟総会報告書，大日本バスケットボール協会編，第11回オリンピック大会籠球報告書．大日本バスケットボール協会，p.122.

175）浅野延秋（1938）籠球代表の行動に就て，大日本バスケットボール協会編，第11回オリンピック大会籠球報告書．大日本バスケットボール協会，p.5.

176）浅野延秋（1938）籠球代表の行動に就て，大日本バスケットボール協会編，第11回オリンピック大会籠球報告書．大日本バスケットボール協会，p.5.

177）高橋太郎（1938）遠征日誌，大日本バスケットボール協会編，第11回オリンピック大会籠球報告書．大日本バスケットボール協会，p.13.

178）浅野延秋（1938）籠球代表の行動に就て，大日本バスケットボール協会編，第11回オリンピック大会籠球報告書．大日本バスケットボール協会，p.5.

179）浅野延秋（1938）籠球代表の行動に就て，大日本バスケットボール協会編，第11回オリンピック大会籠球報告書．大日本バスケットボール協会，p.5.

180）石田眞七（311）庶務報告，大日本体育協会編，第11回オリンピック大会報告書．大日本体育協会，p.315.

181）浅野延秋（1938）籠球代表の行動に就て，大日本バスケットボール協会編，第11回オリンピック大会籠球報告書．大日本バスケットボール協会，p.5.

182）鹿子木健日子（1936）シンガポールに於ける対中国選抜軍ゲームの偶感．オリムピック，14（12）：86.

183）鹿子木健日子（1936）シンガポールに於ける対中国選抜軍ゲームの偶感．オリムピック，14（12）：86.

184）浅野延秋（1938）籠球代表の行動に就て，大日本バスケットボール協会編，第11回オリンピック大会籠球報告書．大日本バスケットボール協会，p.5.

185）石田眞七（311）庶務報告，大日本体育協会編，第11回オリンピック大会報告書．大日本体育協会，p.315.

186）浅野延秋（1938）籠球代表の行動に就て，大日本バスケットボール協会編，第11回オリンピック大会籠球報告書．大日本バスケットボール協会，p.5.

187）三橋誠（1938）競技報告，大日本バスケットボール協会編，第11回オリンピック大会籠球報告書．大日本バスケットボール協会，p.42.

188）牧山圭秀（1972）バスケットボールの技術史，岸野雄三，多和健雄編，スポーツの技術史．大修館書店，p.380.

189）木下三郎（1938）副島会長の進退について．籠球，（22）：6.

190）谷釜尋徳（2019）オリンピックの歴史，谷釜尋徳編，オリンピック・パラリンピックを哲学する．晃洋書房，p.16.

191）日本体育協会編（1958）スポーツ80年史．日本体育協会，p.293.

192）谷釜尋徳（2019）オリンピックの歴史，谷釜尋徳編，オリンピック・パラリンピックを哲学する．晃洋書房，pp.16-17.

193）日本体育協会編（1958）スポーツ80年史．日本体育協会，p.294.

第3章

メルボルンオリンピックにおける
日本のバスケットボール

（執筆責任者：芦名　悦生）

1. 戦後初のオリンピック出場への道のり

1−1. 派遣資格の方針

　1954（昭和29）年11月15日、JOC（日本オリンピック委員会）にメルボルンオリンピックの大会組織委員会から同オリンピックへの招請状が到着した（10月1日付、W.S. ケント・ヒューズ組織委員長名）[1]。これをうけて、JOC はオリンピック派遣基準小委員会を設置し、1955（昭和30）年12月25日までに各競技団体から最新の競技成績を提出させ[2]、競技成績によって各競技の選手団の派遣を決定することとした[3]。バスケットボールには、世界選手権大会もしくは世界的規模の大会等での順位[4]、もしくは1955（昭和30）年中における外国チームとの対戦成績といった数字による比較が可能な資料の提出が求められた[5]。日本バスケットボール協会は、1954（昭和29）年に開催された第2回アジア競技大会（日本：第3位）および第2回世界選手権大会での結果を委員会に提出したが[6]、1955（昭和30）年における日本の実力を国際的に評価する資料がなく[7]、対外試合のチャンスもなかった[8]。そこで、日本バスケットボール協会は、1956（昭和31）年5月にフィリピン代表チームを招聘し対戦する計画を打ち出した[9][10]。オリンピック派遣基準小委員会はフィリピン戦の成績を考慮してバスケットボール選手団の派遣について審議することを決定した[11]。フィリピンは、1954（昭和29）年にブラジルの

リオ・デ・ジャネイロで開催された第2回世界選手権大会において第3位[12]、第2回アジア競技大会では優勝を果たしており[13]、当時のアジアにおいて最強とされるチームであった。

1−2．フィリピンと対戦するまでの日本の取り組み

　メルボルンオリンピックへの派遣がかかったフィリピン戦を1956（昭和31）年5月に控えた日本バスケットボール協会は、2月初旬に協会理事と役員によりフィリピン戦を見据えたメルボルンオリンピックの第1次候補選手24名（表1）とスタッフ（表2）を決定した[14)15]。

　戦後に2度開催されたアジア大会（第1回大会：日本33−57フィリピン、第2回大会：日本40−68フィリピン）においてフィリピンに敗れている日本は、フィリピンとの対戦を充分に分析し[16]、導き出された課題に対処する合理的な練習を行う必要があった[17)18]。コーチを務めた前田昌保の分析によると、フィリピンのプレーヤーは先天的にジャンプ力があり、このジャンプ力を生かして得点する個人技を身上にしていた。これに対して、日本のプレーヤーはフィリピンのプレーヤーの激しさに眩惑されて1対1のディフェンスが弱く、勝敗のキーとなるゴール下のリバウンドボールに対して、高いジャンプ力を利用して強引に横飛びするフィリピンのプレーヤーに、日本のプレーヤーは弾き飛ばされてボールを獲得できずにいた。また、フィリピンのマンツーマンディフェンスは、よくボールのカットを狙い、日本のプレーヤーが無雑作に行うパスを鋭い勘と出足によってカットし、これによりフィリピンのボール保持時間が日本に比べて長くなり、日本は知らず知らずのうちに点差を広げられてしまっていた[19]。

　そこで、フィリピン戦に向けた練習は、まず体力、次に基礎技術、最後にチームプレーというように段階を分けて行われた[20]。練習および合宿は、3月1日からの2ヶ月余りを4期に分けて実施された[21]。第1期は3月1日から7日まで[22]、本郷東大正門前の新泉旅館に宿泊し、合宿として行われた[23]。3月1日には結団式が行われ[24]、練習自体は2日より実施さ

表1．第1次候補選手

氏名	出身大学・在学大学	氏名	出身大学・在学大学
斎藤 茂	立教大学OB	畑中 悌二	明治大学OB
荒井 洵哉	立教大学OB	藤田 学	明治大学OB
荒井 利一	立教大学OB	片山 通夫	慶應義塾大学OB
紺野 仁	立教大学OB	宮脇 秀朗	関西大学OB
斎藤 博	立教大学OB	芥川 芳男	同志社大学OB
杉山 武雄	立教大学OB	松本 照正	熊本商工OB
木下 武	早稲田大学OB	東海林 周太郎	立教大学
木村 昌	早稲田大学OB	金川 英雄	立教大学
羽柴 元司	東京教育大学OB	本田 敏祐	慶應義塾大学
松尾 武司	東京教育大学OB	登坂 哲郎	慶應義塾大学
糸山 隆司	東京教育大学OB	山里 牧夫	日本大学
今泉 健一	明治大学OB	衣川 正夫	東京教育大学

日本バスケットボール協会編（1956）オリンピック候補選手決まる．バスケットボール．日本バスケットボール協会，（25）：23より作成

表2．メルボルンオリンピック候補スタッフ

氏名	出身大学・在学大学	協会役職
大庭 哲夫	早稲田大学OB	日本協会理事長
前田 昌保	立教大学OB	日本協会理事
永田 録也	東京大学OB	日本協会理事
池田 喜代志	立教大学OB	
磯部 昭	立教大学	
畑 龍雄	東京大学OB	
田中 秀次郎	東京大学OB	
牧山 圭秀	早稲田大学OB	
吉井 四郎	東京教育大学OB	

日本バスケットボール協会編（1956）オリンピック候補選手決まる．バスケットボール．日本バスケットボール協会，（25）：23より作成

れた[25]。第1期では、日本のプレーヤーに最も欠けているスタミナ、足腰のバネ、柔軟性、機敏性などの基礎体力を高めることを目的とし、立教大学体育課に所属するトレーナーの指導のもと柔軟体操やランニング、フットワークなどが実施された[26][27]。1日のスケジュールは、毎朝6時15

表3．第1期の練習内容

ウォームアップ（ランニング）5分		島村氏による指導 1時間半
柔軟体操（20分）		
ランニング、ダッシュとストップ		
クロス・ダッシュ（コート内にS字形にラインを引きダッシュの練習をする）		
柔軟体操		
ジャンプ（ゴールにスタンディングのまま跳びつく）		
2人組になってランニングで跳びつく、強度な体操		
ベンチ及びロク木を使った腹筋の練習		
兎跳び、3段跳びによるジャンプ		
サイドステップによるフットワーク		
パス	3人1個のボールで自由なパス	ボールを使って 1時間
	外に5人より6人、中にディフェンス2人が入りノーマークの所に早くボールを送るパス	
	ショルダーパス、ジャンプパス	
ドリブル	フリードリブル（コートを前後に動く）	
	ランニングドリブル及びターン（フリースローサークルをぐるぐる廻りホイッスルによりターンする）	
	ドリブル1対1	
ランニングシュート（ドリブルインによる）	オールコートのクロスランニングシュート	
	ドリブルピボットのランニングシュート	
フリーシューティング		
5人のクリスクロス		
ランニング、柔軟体操		

佐伯正博（1956）第1次合宿からゲーム終了まで．バスケットボール．日本バスケットボール協会，（26）：14より作成

分に起床し、6時半より7時10分頃まで東京大学農学部のグラウンドで柔軟体操とランニングを行い[28]、朝食後、社会人は出勤し、学生は宿舎で午後の練習に備えた[29]。午後の練習は、午後5時半から8時まで文京区にある京華商業高校の体育館で行われた（表3）[30][31]。トレーナーの指導によるトレーニングは、プレーヤーたちがそれまでに経験したことのない苦

56

写真1．合宿でのドリブル練習
日本バスケットボール協会編（1956）日比親善バスケットボール試合パンフレット．日本バスケットボール協会より転載

しいものであった[32]。ボールを用いた練習では、体のどの部分からでも自由自在に瞬間的なパスを出すための練習が行われた。また、フィリピンはフェイクに弱いことから、フェイクからのパスやタイミングを外したパスの練習も実施された。さらに、ドリブルの練習では常にディフェンスを意識して、体でボールをカバーすると同時に手首のスナップを用いて小さく速くつくこと、ランニングシュートでは踏切を強くしゴールに向かって伸びてボールをリリースすることに重点的が置かれた[33]。

　第2期は3月12日から17日までであり[34]、宿泊はせず、練習会場に通う形式で行われた[35]。第2期の目的は、第1期のハードなトレーニングを基盤としてパス、ドリブル、ディフェンスなどの基礎技術を習得することであった（表4）[36]。2時間半の練習のうち、はじめの30分は第1期と同様にトレーニングが実施され、体力の充実が図られた[37]。トレーニング後の練習内容は常に対人形式で行われ、内容はドリブル1対1や

表4．第2期の練習内容

ウォームアップ30分	ランニング
	柔軟体操
	フットワーク、ストップアンドダッシュ
フリーシューティング（5分）	
パスボール	フリーパス
	サークルになってディフェンスを附けたパスボール
	ショルダーパス、ロングパス
ドリブル	ドリブル1対1
	2対1にて1人がボールを持ちドリブルをし 2人でアタックする練習
ランニングシュート	ドリブルインランニングシュート
	ドリブルクロスのランニングシュート
	パスカットランニングシュート
スリーメンダッシュ	
フリースロー　5本ずつ4回	
紅白ゲーム　30分ストレートで続ける（全員メンバーチェンジによる）	
ランニング、柔軟体操	

佐伯正博（1956）第一次合宿からゲーム終了まで．バスケットボール．日本バスケットボール協会，（26）：16より作成

2対1、オールコートの3対2や3対3、2対2や3対3でのスクリーンプレーやスクリーンプレーに対するスイッチ、リバウンドやリバウンド後のアウトレットパスなどであった[38]。また、フィリピンと対戦する日本チームは異なる学校や実業団に所属するプレーヤーによって編成された混成チームであったため、チームとしてプレーするためのフォーメーションが考案された[39]。採用されたフォーメーションは、縦のカットインを主体としたスクリーンプレーであり、練習ではフォーメーションで用いられるスクリーンプレーの基礎的練習も行われた[40]。さらに、第2期の練習では紅白ゲームを行うことで各プレーヤーの特徴をお互いにつかむとともにゲーム勘の養成が図られた[41]。

　第 3 期の練習は 3 月27日から 4 月 7 日まで[42]、第 2 期と同様に合宿で
はなく、練習会場に通って行われた[43]。第 3 期の練習は基礎技術をより
一層高め、チームプレーおよびフォーメーションの完成を目的として実
施された。また、在日の外人チームとの練習ゲームを行い、外国人プ
レーヤーに対する勘の養成も図られた[44]。

　オフェンスでは、ポストマンを中心としたパスによるスクリーンプ
レーと外からのドリブルによるスクリーンプレーによる 7 つのフォー
メーションが採用された（図 1）[45]。練習は個々のフォーメーションプ
レーの分解練習より始められ[46]、3 対 3 、4 対 4 を繰り返しながらスク
リーンのタイミングやコツの習得に努めた[47]。また、スピードあるドラ
イブの練習も重点的に行われた。さらに、オールコートの 3 対 2 あるい
は 4 対 3 によるリバウンドボール獲得後のファストブレイクの練習も実
施された[48]。4 月の初めには、ゲームの勘を養うために羽田米軍との練
習ゲームが 2 度行われたが[49]、2 試合とも惜敗した[50]。羽田米軍との練
習ゲームでは、チームとしてフォーメーションを初めたばかりの時期で
あったことから、フォーメーションにこだわり過ぎ、のびのびとした
プレーを発揮することができなかった[51]。ゲーム後、より一層のフォー
メーションの完成を目指して 5 対 5 の練習が繰り返された[52]。また、毎
回の練習でフリーシューティングの時間を設け、長身者はポストプレー、
他の者はセットシュートを行った[53]。

　フィリピン戦に向けた練習の総決算である第 4 期は、4 月16日より
フィリピン戦の直前までの期間であった[54][55]。最初の 3 日間の練習は練
習会場に通って実施され、基礎練習を振り返り[56]、4 月20日より御茶ノ
水の日昇館に宿泊して合宿が行われ[57]、フォーメーションの完成が目指
された[58]。さらに、合宿ではフィリピン戦のメンバー編成も進められ
た[59]。コーチの前田は、これまでのフィリピンとの対戦における苦い経
験から攻撃に重点を置くフィリピンと終始攻め合いのゲームをするこ
とは愚の骨頂であり、スタミナと個人技に劣る日本側は不利だと考え
た[60]。そこで、フィリピン戦ではまず先制攻撃をかけ大勢を有利に導い

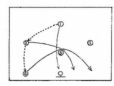

図. 1-1
①→②→⑤へパス、②がカットイン④は先ずこ
れをねらう。失敗した時④→⑤パスイン、④と①
のスクリーンプレー。

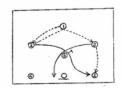

図. 1-2
①→②→①→⑤へパス。②のカットインをねら
う、失敗する時コーナー②'へパス。⑤のブロッ
クによる③のカットインこれが失敗した時は②'
→⑤のパスによる、②'と①のスクリーンプ
レー。

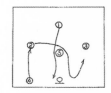

図. 1-3
①か⑤より⑤にパス、すぐにスクリーン、失敗す
る場合③、④が続ける。

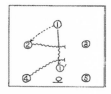

図. 1-4
①→②パス、②から①ブロック、シュート失敗し
た場合①'と④とのブロックプレー。

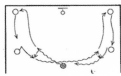

図. 1-5
ローリングオフェンス
注)同資料に記載が無く、図説バスケットボール辞典から転載。

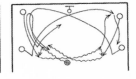

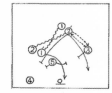

図. 1-6
①②ポジションチェンジ、②'→パス、②'→
①'にブロック、①'は②'と⑤を引っかけてカッ
トイン、③よりパスをうけシュート、失敗する時
は③より⑤にパスイン、③と②'とのスクリーン。

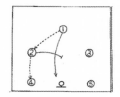

図. 1-7
①→②→④パス、②のブロックにより①カットイ
ン、失敗する場合①をポストとしてのスクリーン
プレー。

図1. 日本が採用した7つのフォーメーション

佐伯正博（1956）第一次合宿からゲーム終了まで，バスケットボール．日本バスケットボー
ル協会，(26)：16-18、牧山圭秀，吉井四郎，畑竜雄（1969）図説バスケットボール事典．野
間省一．p.369より作成

てから、徹底したペース変化を与えるために5人全員を入れ替え、遅攻
策に出てフィリピンの鋭い攻撃をかわし、じらしておいてその虚を突く
ことにした[61]。つまり、フィリピン戦ではチーム内でAチームとBチー
ムの2つのグループを構成し、グループ単位で交代させるツープラトン

システムを採用することとなった[62]。Aチームは東海林、斎藤博、杉山、荒井利一[63]の立教大学のメンバーにセンターとして糸山を入れ、Bチームは斎藤茂、今泉、木下、荒井洵哉、登坂、畑中、松尾らを主体にした[64]。Aチームは、3－2隊形の前3人がゾーンディフェンス、後ろ2人がマンツーマンディフェスを行う変形ゾーンディフェンスの練習を行い、オフェンスではファストブレイクの練習に主眼がおかれた[65]。Bチームではガードである斎藤茂のリードによるフォーメーションおよび長身者の着実なポストプレーを生かすためのパスワークと動き、ミドルシュートの練習に重点が置かれた。さらに、Bチームではマンツーマンディフェンスが採用された[66]。この合宿期間に外国人チームとのゲームはなかったものの、4月末に慶應義塾大学の好意により練習ゲームが2度行われた[67]。4月末からは練習時間を短縮し、体力の充実とコンディショニングの調整、全員の気分の融和が図られた[68]。

　フィリピンは5月4日に来日し、宿舎で旅装を解くや直ちに練習を行い[69]、5日に催された歓迎会終了後にも練習を行った[70]。前田は、フィリピンは個人技を利かして強引なオフェンスを行なうチームで、ゴール下を固めればミドルシュートやロングシュートに頼ってくるのでフィリピンの得点を60点以内に抑えることができると事前に分析していたが[71]、フィリピンの練習を見学して、個人技を中心とするチームであることには変わりないもののミドルシュートやロングシュートを多用していたことに驚かされた[72]。ただし、前田はフィリピンがロングシュートのタイミングを得ておらず、ロングシュートを習得できていないと分析した[73]。日本は、5月5日、6日とフィリピン戦の会場となる東京都体育館においてコートになれるためのシューティングと軽く動く程度の練習を約30分行い[74]、7日に迫ったフィリピン戦に備えた。

1－3．フィリピン代表チームとの3試合

　5月7日、午後4時、フィリピンとの第1戦を前に宿舎にて監督の大庭と前田よりプレーヤーたちに向けて最後の注意と激励があり[75]、午後

表5．日比親善試合の日本代表メンバー

	氏名	身長	体重	年齢	所属	出身大学
監督	大庭 哲夫			53	協会理事長・日本航空	早稲田大学
コーチ	前田 昌保			42	協会理事・東邦ワラパルプ	立教大学
マネージャー	永田 録也			40	協会理事・芝浦機械	東京大学
副マネージャー	大室 富彌			42	協会理事	明治大学
アシスタントコーチ	佐伯 正博			29	佐伯商店	立教大学
アシスタントマネージャー	池田 喜代志			28	金太郎飴本舗	立教大学
アシスタントマネージャー	磯部 昭			20	立教大学	
選手	斎藤 茂	173	65	26	三井生命	立教大学
	片山 通夫	174	59	26	東京海上	慶応大学
	木下 武	183	73	26	日本鋼管	早稲田大学
	羽柴 元司	170	60	26	熊谷組	東京教育大学
	荒井 洵哉	187	68	25	三井生命	立教大学
	木村 昌	178	68	24	八幡製鉄	早稲田大学
	松尾 武司	168	64	24	日本鋼管	東京教育大学
	山里 牧夫	180	75	24	日本大学	
	糸山 隆司	195	83	23	日本鋼管	東京教育大学
	杉山 武雄	177	65	23	八幡製鉄	立教大学
	藤田 学	172	60	23	日本鋼管	明治大学
	斎藤 博	183	74	22	日本鉱業	立教大学
	紺野 仁	182	73	22	鉄興社	立教大学
	荒井 利一	180	69	22	松下電器	立教大学
	今泉 健一	183	85	22	日本鉱業	明治大学
	畑中 悌二	178	73	22	日本鋼管	明治大学
	松本 照正	185	72	22	八幡製鉄	熊本工業高校
	芥川 芳男	175	65	22	松下電器	同志社大学
	宮脇 秀明	180	72	22	松下電器	関西大学
	東海林 周太郎	171	62	22	立教大学	
	太田 敏祐	177	68	22	慶応大学	
	登坂 哲郎	178	72	22	慶応大学	
	衣川 正夫	183	73	21	東京教育大学	

日本バスケットボール協会編（1956）日比親善バスケットボール試合パンフレット．日本バスケットボール協会，pp.10-20より作成

表6. 日比親善試合の日本代表メンバー

	氏名	ポジション	身長	体重
団長	レオナルド・ギント			
副団長兼マネージャー	ホセ・カストロ			
コーチ	フランコ・マルキシアス			
選手	ラファエル・バレト	センター	188	86
	ロレト・カーボネル	フォワード	180	
	ナポレオン・フローレス	フォワード	177	70
	ベンジャミン・フランシスコ	ガード	180	70
	アントニオ・ヘナト	フォワード	170	61
	ペドロ・ギロン Jr.	フォワード	170	61
	エデュアルド・リム	ガード	180	76
	カルロス・ロイサガ	フォワード	191	82
	ラモン・マヌラト	ガード	183	70
	レオナルド・マルキシアス	ガード	180	66
	マリアノ・トレンティノ	センター	188	73
	アントニオ・ビラモア	ガード	177	

日本バスケットボール協会編（1956）日比親善バスケットボール試合パンフレット．日本バスケットボール協会，pp.10-20より作成

写真2. フィリピンチーム
日本バスケットボール協会編（1956）日比親善バスケットボール試合パンフレット．日本バスケットボール協会，p.10 より転載

6時、会場に向けて出発した[76]。東京都体育館に到着した日本は[77]、午後6時半より45分間の軽いシューティングを行った。午後7時から入場式が行われ[78]、午後7時45分にゲームが開始された。

フィリピンは、戦前の予想どおりヘナト、ロイザカを中心とする最強メンバーであった[79]。日本は、東海林、斎藤博、杉山、荒井利一の立教大学のメンバーに日本一の長身センターである糸山を加えたAチームでスタートした[80]。第1戦のゲームプランは、まずAチームによるフォーメーション及びカットインにより、相手のディフェンスを縦に突き、ディフェンスでは簡単なシュートを許さないよう迫力あるディフェンスを行い、前半10分頃にBチームに代えて徹底的にボールを持って確実に攻めることにより相手の鋭い攻撃をかわし、フィリピンを精神的にも肉体的にも疲れさせて前半を終え[81]、後半の山場を5分から10分と定め、この間にリードを奪い、ゲームの主導権を握って優位な展開に持ち込むことであった[82]。最初のタップを糸山がとり、斎藤博のシュートは決まらず、フィリピンのボールとなったが、東海林がこのボールをカットし、フィリピンのゴールに向かい、フィリピンのヘナトにファウルを受けながらもシュートをリングに沈め、さらにワンスローも成功させて待望の先取点をあげた[83][84]。これにより、日本は気分的に非常に優位に立ち[85]、ローリングオフェンス、ファストブレイク、エンド・オブ・バウンズのフォーメーションなどを織り交ぜて、7分には20−10とし、快調なスタートを切った[86]。さらに、日本は得意とするフォーメーションで攻め、ゴール付近のノーマークのシュートによる得点を着実に重ね、ゲームの主導権を握った[87]。一方、フィリピンはシュートやパスのミスで攻撃の芽を自ら摘み取ってしまい[88]、7分あたりまでビラモアのカットインとロイサガの強引なシュートによる得点のみで、日本が警戒していたミドルシュートは日本のタイトなディフェンスに阻まれていた[89]。しかし、7分を過ぎる頃から初戦の緊張のためか、日本に疲れが見えはじめ、ミスが増加した[90]。12分半に28−15と日本が13点をリードしたところで、予定どおり5人全員のメンバーチェンジを行い、Bチームがコー

トに立った[91]。この頃より調子をあげてきたフィリピンの激しい攻撃を、交代したばかりのチームではおさえることができず、ビラモアのドライブ、ファストブレイクなどにより連続ゴールを許してしまった[92][93]。Bチームのオフェンスは、交代後しばらくはパスを多くしてボールをキープしていたが、荒川洵哉のシュートミス以降、シュートのタイミングが早くなってしまった[94]。Bチームに交代してわずか2分30秒で31-25とフィリピンに6点差にまでつめられてしまい、前田は再びAチームをコートに戻さざるを得なかった[95]。15分半に再びコートに立ったAチームは、ローリングオフェンスを中心にオフェンスを展開した[96]。しかし、フィリピンが好調の波に乗ってしまい、ロイサガのシュート、フローレスに代わって出場したカーボネルのドライブ、強引なジャンプシュートが続き、18分30秒には33-33と遂に日本は同点にされてしまった[97]。この間、日本の得点は杉山のミドルシュート1本のみであった[98]。その後、フィリピンの中心プレーヤーであるロイサガが4つ目のファウルでベンチに下がり、斎藤博がフリースローを2本決めて35-33と日本が1ゴールのリードを奪った[99]。だが、前半最後の1分間にバレトとトレンチノのシュートが成功し、35-37と日本がフィリピンに1ゴールのリードを奪われて前半を終えた[100]。

　後半に入り、フィリピンはロイサガとヘナトを休ませ、トレンティノとバレト、マヌラトの長身プレーヤーとカーボネル、ビラボアでスタートした[101]。日本は、Aチームでスタートし、フィリピンのロングパスによるファストブレイクとロイサガの強引なカットインを警戒した[102]。日本は、後半もローリングオフェンスやフォーメーションでオフェンスを展開し、後半3分に41-41としてからはシーソーゲームとなった[103]。フィリピンは6分までロングパスによる2ゴールなど合わせ6点を決め、日本は斎藤博、東海林のドライブで6点を入れ、後半6分に47-47とし、8分に荒井利一がミドルシュートを決めると、ヘナトもミドルシュートを決め49-49の同点とした[104]。後半8分半には、カーボネルに代わって4ファウルのロイサガが出場したが、5つ目のファウルを怖れてか東海

林に長身で幅のあるロイサガが、斎藤博にヘナトがマッチアップすると
いう変則的なディフェンスをはじめた[105]。9分には、ロイサガのシュー
トに荒井利一が、バレトのシュートに糸山がファウルをしてしまい、一
挙に4点を許し、50-53と日本はフィリピンに3点のリードを許した[106]。
その後、リムとロイサガのシュートで2ゴールを加えられ、52-57と5
点リードされ、荒井利一の強引なドライブで54-57と日本が3点差に追
い上げた時には残り時間が7分であった[107]。日本はここでタイムアウト
をとり、糸山と荒井利一に代えて芥川と紺野をコートに立たせた[108]。残
り4分、ロイサガが遂に5つ目のファウルで退場になった[109]。フィリピ
ンは、ヘナトとバレトでドリブルのストーリングによる逃げ切りを策し、
これに対して日本はハーフコートのプレスディフェンスを行った[110]。す
ると日本のプレスディフェンスが功を奏し、東海林が見事にカットして
芥川のノーマークのシュートチャンスとなった。ところが、芥川がこれ
をミスし、再びフィリピンがストーリングをはじめた[111]。ここで日本は
タイムアウトをとり、再び糸山、荒川利一をコートに送り出した[112]。す
ると、すぐさま荒井利一の強引な突っ込みに対してトレンティノがファ
ウルをし、荒井利一が2本のフリースローを沈め、56-57と日本が1点
差にまで追い上げた[113]。残り2分30秒、フィリピンはまたもストーリ
ングを試みるが、ヘナトのパスミスにより日本がボールを獲得した。こ
の時、残り時間は1分43秒であった[114][115]。日本はタイムアウトをとり、
ボールを1分30秒にわたってキープし、残り15秒で名シューター杉山の
1投にかけることにした。この作戦が見事に的中し、杉山の左80度から
のミドルシュートはリングを射抜いた[116][117][118]。この瞬間、東京都体育
館を埋めた8,000人の観客はもとよりテレビで見守っていたファンも日本
の勝利を確信した[119]。ところが、勝負を諦めなかったフィリピンは、ヘ
ナトがハーフライン手前からロングシュートを放ち、外れたボールをリ
ムが強引にリングへとねじ込んだ[120][121]。その5秒後、タイムアップを告
げるピストルが鳴り[122]、日本は58-59と1点差でフィリピンとの第1戦
を落とした[123]。

　第1戦と第2戦の間は4日あり、この間にフィリピンは八幡製鉄と松下電機と対戦した。したがって、八幡製鉄と松下電機に所属する日本代表のプレーヤーはこの間の日本代表の練習には不参加となった[124]。日本代表の練習は2日間実施され、短い時間で行われた。前日はフリーシューティングのみとし、第2戦に備えた[125]。

　第2戦は5月12日に行われ[126]、日本のスターティングメンバーは第1戦と同様、杉山、東海林、斎藤博、荒井利一、糸山のAチーム、これに対してフィリピンチームは第1戦と対八幡製鉄戦、対松下電機戦の連戦による疲労を考慮し、対八幡製鉄戦と対松下電機戦で好調であったマヌラトとバレトにトレンティノ、フランシスコ、ギロンというメンバーでスタートした[127][128]。糸山がセンタータップをとって最初のゴールを奪い、日本は気分的に優位に立った[129][130]。一方、フィリピンは日本の激しく動くオフェンスについていくことができず、ファウルを重ねた[131]。4分には9−6と日本がリードするも東海林が足を捻挫し、斎藤茂と交代した[132]。それでも、糸山のポストにおけるシュートなどで得点し6分には16−10と日本はリードを広げた[133]。しかし、マヌラトが活躍しはじめ、日本がファウルを重ねて9分には18−16とフィリピンが2点差にまで詰め寄り、さらにバレトのフリースローで18−17とフィリピンが日本を1点差に追い込んだ[134]。10分にフィリピンはロイサガ、ヘナトを出場させて一気に勝負をかけたが、日本もフィリピンのペースを崩すべくBチームへとオールメンバーチェンジを行った[135][136]。Bチームのメンバーは、第1戦で無理な攻め気を出して失敗したことを肝に銘じてか、パス＆ランを継続して約1分間にわたってボールをキープし、登坂がコーナーからミドルシュートを決め、20−17と日本が再びリードを広げた[137]。その後、日本は2つのミスシュートをしたが、ボールをキープして時間を稼ぐという作戦を忠実に守った[138]。しかし、フィリピンはロイサガの強引なプレーやトレンティノのシュートで得点を稼ぎ、13分には22−22の同点とした[139][140]。その後も、ロイサガのプレーにより14分には22−24とフィリピンが日本をリードをし、日本は再びAチー

ムをコートに送り出した[141]。日本はここでタイムアウトをとり、マンツーマンディフェンスからゾーンディフェンスへと変更したが[142]、ロイサガに2連続ゴールを許してしまった[143]。その後、日本はロイサガによる連続ファウルによって得たフリースローを成功させ34−33と逆転し、フィリピンをリードした[144]。前半終了間際にロイサガが4つ目のファウルで交代し、36−33と日本が3点をリードして前半を終えた[145]。

　後半、日本はAチームにてスタートし[146]、フィリピンのメンバーはヘナト、トレンティノ、ビラモア、マルキシアス、カーボネルの5人であった[147]。日本は、マンツーマンディフェンス気味のゾーンディフェンスという当時の立教大学が得意とするディフェンスを用い、これに対してフィリピンは攻めあぐねた[148]。その間に、日本は着々と加点し、後半4分から荒井利一に代わった紺野が活躍し、後半6分には48−39とリードを9点差に広げた[149]。フィリピンもリムをコートに入れてロングシュートを決めたが、日本も奮闘し、後半10分に至っても52−43と日本がフィリピンをリードする状況が続いた[150]。後半11分半、フィリピンは4つのファウルをしたロイサガを出場させたが、杉山がカットインする紺野へ巧みなパスを送り、紺野がこれを決めて54−43と日本がさらにリードを広げた[151][152]。その後も日本は東海林と杉山の巧みなドリブルでボールをキープしながら攻撃の手を緩めず、後半残り4分半には61−49とフィリピンとの差を12点にした[153]。しかし、ドリブラーの東海林と杉山に疲れが見えだしたため[154]、後半残り4分に日本は紺野と斎藤茂をコートに送り出し、ボールをキープする作戦を徹底させた[155]。これに対して、フィリピンはゲームを投げた様子も見え、かなり乱暴なファウルも多くなり、後半残り2分36秒には65−51となり[156]、最終的に73−58で日本は待望の勝利を摑んだ[157][158]。世界の十傑に入るプレーヤーとされるロイサガや名ドリブラーのヘナト、さらに世界選手権大会において3位に輝いたプレーヤー6名を擁するフィリピンを日本は15点の大差で破ったのであった[159]。

　1勝1敗で迎えた第3戦は5月13日に行われ、日本とフィリピンの実

写真3．第2戦ゴール下の攻防
浜名二正編（1957）アサヒスポーツ年鑑．朝日新聞社，p.45より転載

力を決定するゲームとあって両チームとも大変な張り切りようであった[160)161)162)]。特に、前日敗れたフィリピンはどうしてもこのゲームだけはという意気込みで燃えていた[163)]。前日の激しいゲームで糸山と東海林が負傷したことから、日本はBチームの斎藤茂、松尾、今泉、木下、荒井洵哉を先発させた[164)]。これに対して、フィリピンはヘナト、ロイサガ、リム、バレト、カーボネルという個人技に優れた5人の布陣でスタートした[165)]。タップを奪ったフィリピンは、カーボネルのエネルギッシュなプレーで最初のゴールをあげた[166)]。さらに、フィリピンは日本の意表をついて2-3ゾーンディフェンスを用い[167)]、フリースローを含めて0-4と日本をリードした[168)]。ここで日本は、タイムアウトをとってゾーンアタックの方法を確認した[169)]。日本は、ほとんど動かないフィリピンのゾーンディフェンスに対して、比較的ディフェンスの拙いロイサガのサイドより攻撃をしてディフェンスを揺さ振り[170)]、今泉がコーナーからノーマークのシュートを見事に決めて、たちまち追いついた。さらに、木下がカットインとフリースローを決め、5分には11-10と日本がフィリピンをリードした[171)]。ここで、フィリピンはディフェンスをゾーンディフェンスからマンツーマンディフェンスに変えた。これに対して、日本はボールをキープしながら動き回りチャンスを狙った[172)]。日本は荒井洵哉がポスト近辺での巧みな攻撃を繰り返し、10分には20-14と日本が6点のリードを奪った[173)]。一方のフィリピンもヘナトが巧みなドリブルからのレイアップシュートを決め、トレンティノが木下からファウルをもらってフリースローを1つ決め、20-17と日本に迫った[174)]。ここで日本は、立教大学のメンバーを中心とするAチームをコートに送り出した。これに対して、フィリピンは日本のAチームによる激しい動きを止めるために再度、ディフェンスをゾーンディフェンスに戻した[175)]。さらに、ロイサガが俄然奮起して7点をあげ、22-24とフィリピンが逆転した[176)]。日本も荒井利一のミドルシュート、糸山のポストプレー、杉山のドライブで得点を重ねたが、その間に糸山が連続して3つのファウルを重ねた。ゲームはシーソーゲームとなり、前

半最後にトレンティノがフリースローを決め、32-34とフィリピンが2点をリードして前半を終えた[177]。

　後半、フィリピンはマヌラト、トレンティノ、ロイサガ、リムの長身プレーヤーを揃えた[178]。対する日本は糸山、杉山、斎藤博、東海林、紺野の5人でスタートし、後半4分には40-38と逆転した[179]。さらに、杉山がミドルシュートを決めたものの、その後、ロイサガによるフックシュートなどで後半6分には42-43と再びフィリピンが日本を1点リードした[180]。ここで、日本はBチームをコートに送り、松尾がミドルシュートを決めるなどして後半11分に48-48の同点とした[181]。また、日本はローリングオフェンスを採用し、50-49と日本がフィリピンから1点のリードを奪った[182]。このあたりから日本は木下の代わりに紺野、今泉と松尾の代わりに杉山と斎藤博を入れるなどして、ボールキープ気味のオフェンスを用いてフィリピンをじらした[183]。フィリピンのオフェンスは良いところがなく、ロイサガがファウルを重ね、後半13分には52-49と日本はフィリピンとの点差を3点に広げた[184]。日本はボールを回してキープを続けるがフィリピンのディフェンスがタイトになり、ロイサガのパスカットなどにより後半残り4分半には52-53とフィリピンが1点をリードした[185]。しかし、日本も杉山が強引なドライブを決めて54-53と逆転し返した[186]。日本は、それまで休ませていた東海林と今泉をコートに送り、メンバーは糸山、杉山、斎藤博、東海林、今泉となった。一方のフィリピンは、ヘナトをカーボネルに代えた[187]。ここで杉山がドリブルミスをし、ビラモアにシュートを決められ54-55と日本は再びフィリピンに逆転された。後半残り2分10秒頃、フィリピンはカーボネルをドリブルの巧みなヘナトに代え[188]、ボールのキープをはじめたが、ヘナトからロイサガへのパスが悪く、ロイサガがファンブルしたボールを今泉が奪った[189]。後半残り34秒[190]、日本は最後のチャンスをローリングオフェンスでボールをキープしてシューターである杉山の1投に勝負をかけることにした[191]。ローリングオフェンスの最中、糸山がフリースローレーンで良いシュートチャンスを得たがこれを止め

写真 4 ．フィリピンチームのヘナトによるスクリーンを使うプレー
日本バスケットボール協会編（1956）バスケットボール．日本バスケットボール協会，（26）
より転載

　て再び回し、後半残り10秒、杉山がゴールに対して80度の位置からミド
ルシュートを放ったが[192]、ボールはリングに嫌われ[193]、第１戦と同様
に僅か１点差で日本はフィリピンに敗れたのであった[194]。

　前田はフィリピンとの３戦について１勝２敗の成績に終わったものの
２敗はともに１点差であり、好内容に終始したとし[195]、フィリピンと
日本の間にチームの総体的な実力の差はないと分析している[196]。また、
前田は好内容のゲームを展開できた要因として日本がツープラトンシス
テムを採用し、それぞれのグループで相違したプレーとペースの変化を
もたせたことに加え、スタミナの消耗を防いだことをあげている。さら
に、ファストブレイクとミドルシュートをもっと積極的にいかせばより
楽なゲームを展開できたと分析している[197]。

2．メルボルンオリンピック出発まで

2−1．オリンピック出場決定への運び

　6月11日、オリンピック派遣基準小委員会が開催され、フィリピン戦の結果をもとにバスケットボールのメルボルンオリンピックへの派遣の可否について議論されたが[198)199)]、意見がまとまらなかった[200)]。委員会では次の2点が問題視された。ひとつは、メルボルンオリンピックのバスケットボール種目の参加国が16チームに決定されており[201)]、予選が本大会の前に行われ、たとえ日本がバスケットボール選手団をメルボルンオリンピックに派遣したとしても予選の間はオリンピック村にも入村できず、予選で敗れると本大会、つまりオリンピックに参加できないことであった。もう一点は、シード国が明瞭になっていないことであった[202)]。そこで、この件について日本バスケットボール協会は国際バスケットボール連盟に問い合わせ、日本体育協会は国際オリンピック組織委員会に問い合わせた[203)]。その結果、オリンピック村に入村できることと、日本がシード国に入っていることが確認されたため、7月9日にバスケットボールのメルボルンオリンピックへの派遣が決定した[204)]。こうして、1936（昭和11）年に開催されたベルリンオリンピック以来20年ぶりに日本のバスケットボールがオリンピックの舞台に戻ることとなった[205)]。

2−2．メルボルンオリンピックに向けての候補選手選考

　メルボルンオリンピックへの派遣決定後、日本バスケットボール協会の理事及び技術顧問によって第2次候補選手の選考が行われ[206)]、フィリピン戦を勘案し、多方面に意見聴取しながら慎重に検討された。選手選考では日本代表選手としての品格を具備し団体生活の厳正な規律に従うことができる者を選び、かつ過激な練習及びゲームに心身共に耐え得るよう選手層の若返りを図った[207)]。その結果、これまでの候補者から9名と新しく3名を加えて計12名を選考した（表8）[208)]。従来の選抜チームには必ず名を連ねてきたベテランの木下、斎藤茂、荒井洵哉は、

表8．スタッフ・第２次候補選手

	氏名	所属	出身大学
監督	大庭 哲夫	協会理事長	早稲田大学
コーチ	前田 昌保	協会理事	立教大学
マネージャー	永田 録也	協会理事	東京大学
選手	糸山 隆司	日本鋼管	東京教育大学
	成沢 康彰	三井生命	慶應義塾大学
	藤田 学	日本鋼管	明治大学
	今泉 健一	日本鉱業	明治大学
	斎藤 博	日本鉱業	立教大学
	紺野 仁	鉄興社	立教大学
	杉山 武雄	八幡製鉄	立教大学
	荒井 利一	松下電器	立教大学
	登坂 哲郎	慶應義塾大学	
	東海林 周太郎	立教大学	
	大平 礼三	明治大学	
	奈良 節雄	立教大学	

日本バスケットボール協会編（1956）オリンピックへの出場決る．バスケットボール．日本
バスケットボール協会，（27）：3より作成

速いペースのゲームについていけない恐れがあるため、この３名に代る
プレーヤーとして大平とオールラウンダーでディフェンス力の高い成沢
と奈良を補強した[209]。

２－３．メルボルンオリンピックに向けての動き（練習、壮行試合）

　第２次候補に選出されたプレーヤーたちは、８月18日より31日まで藤
沢市秩父宮体育館で合宿を実施した[210]。この合宿では、第１次合宿で
も指導を行ったトレーナーによる指導のもと午前中は足腰の強化のため
裸足で片瀬海岸へのロードワークを行い、午後は最初に柔軟性、持久力、
敏捷性の獲得を目的としたトレーニングを１時間行った[211)212]。トレー
ニング後に続くバスケットボールの練習では個の強化を目的に１対１を
実施し、さらに２対２を加えてコンビネーションを併せて得られるよう

表9．メルボルンオリンピック日本代表チーム

	氏名	ポジション	身長	体重	年齢	所属	出身大学
監督	大庭 哲夫				53	協会理事長・日本航空	早稲田大学
コーチ	前田 昌保				42	協会理事・東邦ワラパルプ	立教大学
選手	糸山 隆司（主将）	センター	195	82	23	日本鋼管	東京教育大学
	藤田 学	ガード	176	65	23	日本鋼管	明治大学
	杉山 武雄	フォワード	176	65	23	八幡製鉄	立教大学
	荒井 利一	ガード	178	76	23	松下電器	立教大学
	斎藤 博	フォワード	185	78	23	日本鉱業	立教大学
	東海林 周太郎	ガード	170	68	22	立教大学	
	紺野 仁	フォワード	185	76	22	鉄興社	立教大学
	登坂 哲郎	フォワード	177	73	22	慶應義塾大学	
	今泉 健一	センター	182	85	22	日本鉱業	明治大学
	大平 礼三	フォワード	186	75	21	明治大学	
	奈良 節雄	ガード	174	71	19	立教大学	

前田昌保（1958）バスケットボール．第16オリンピアード大会報告．日本体育協会，p97、日本バスケットボール協会編（1956）オリンピックバスケットボール壮行試合パンフレット．日本バスケットボール協会，より作成

にした[213]。

　前田は、日本が他のオリンピック参加国と比較して身長と体力に劣ることから、この点をカバーするためにファストブレイクを用い、相手チームがディフェンス隊形を整える前に攻撃することにした。また、オフェンスでは随所にスクリーンプレーを織り込んでボールをゴール下に侵入させ、ディフェンスではマンツーマンディフェンスとゾーンディフェンスを併用することにした[214]。

　また、メルボルンオリンピックで採用される国際ルールは、国内では採用されていなかったため、ルールの解釈を理解する必要があった[215]。国際ルールではピボットフットを離してドリブルが開始できたため、日本国内で使用されているルールよりも1歩多くステップを踏むことができた[216]。

　第2次候補に選出されたプレーヤーたちは9月5日より合宿地を東京に移し、小石川指ヶ谷町京華学園コートにて9月末日まで練習を実施し

表10. メルボルン出発までの試合結果

日	ゲーム種別	会場	結果		
10/2	練習試合	羽田体育館	日本	84−53	極東空軍選抜（駐留軍）
10/3	練習試合	羽田体育館	日本	52−46	極東空軍選抜（駐留軍）
10/4	練習試合	羽田体育館	日本	72−51	極東空軍選抜（駐留軍）
10/6	壮行試合	同志社大学体育館	日本	82−59	全京都
10/7	壮行試合	大阪府立体育館	日本	86−46	全大阪
10/24	壮行試合	国民体育館	日本	86−59	関東大学 OB 現役選抜
10/26	練習試合	不明	日本	89−53	羽田空軍（駐留軍）
10/27	練習試合	不明	日本	76−62	羽田空軍（駐留軍）
10/28	練習試合	不明	日本	72−63	ジョンソンヴァンカーズ（駐留軍）

前田昌保（1958）バスケットボール．第16オリンピアード大会報告．日本体育協会，p97、日本バスケットボール協会編（1956）メルボルンへ．バスケットボール．日本バスケットボール協会，（28）：7より作成

た[217]。そして、9月末にメルボルンオリンピックに派遣される2名の役員と11名のプレーヤーが決定した[218]。

　メルボルンオリンピック日本代表チーム決定後の合宿は10月17日まで行われ、中4日の休みをおいて22日より最終合宿に入り、出発まで続けられた[219]。合宿ではチームの仕上げとオリンピックにおけるゲームの激しさに耐えるため、在日米軍との練習ゲームを行った（表10）[220]。

3．メルボルンオリンピックへ

3−1．出発から試合開始まで

　監督の大庭を除いた12名のバスケットボール選手団は、11月4日午後9時20分、羽田より飛行機にて日本を発ち、11月6日午前9時50分、メルボルンに到着した[221][222][223]。バスケットボール選手団は出発準備から到着までの3、4日間は練習ができなかったものの、日本選手団本部渉外担当者を通じて事前に練習コート及び往復バスの割り当てを決めることができたため、7日より練習を開始することが可能であった[224]。メルボルンは空気が乾燥し気温の変化が激しいため、到着早々に紺野が発熱

し、咽喉を痛めた者もいた[225]。７日から５日間程、起床と同時にオリンピック村の広場でロードワークと柔軟体操を行い、午後に２時間の練習を行った[226]。また、日本は本大会に先立ち外国チームに慣れるため、練習マッチも行った（表11）[227]。オーストラリアとの練習マッチでは、オーストラリアの高いシュート成功率に日本は相当悩まされた。オーストラリアは荒削りではあるが、40分間疲れを見せずに走ることができる体力を持ち合わせており、日本は一方的にリードすることができたものの、２ゲームとも後半に走り負けて差を詰められた[228][229]。カナダには図抜けた長身プレーヤーはいないが、平均身長が194cm と高く、日本はカナダのポストプレーに手を出すことができず敗れた[230][231]。

　オリンピックパーク周辺の陸軍部隊の雨天体操場に設置された５つの練習コートは、オリンピックのために用意されたものであり、ゴールは新しく立派なものであったが、コートの幅が狭く、長さも20メートル程度であり、天井は低かった。さらに、コートの床は十分に削られておらず、スプリングは全然利かなかった[232]。カナダとの練習マッチでは堅くスプリングが利いていないフロアの影響により、杉山が肉離れをした[233]。

表11.　本大会開始前の練習試合結果

11月10日	日本	88－80	オーストラリア
11月17日	日本	76－64	オーストラリア
11月19日	日本	53－77	カナダ

前田昌保（1958）バスケットボール，第16オリンピアード大会報告書．
日本体育協会，p.98より作成

　ゲームの方式および組み合わせは前回大会のヘルシンキオリンピックで決定された要綱に従い、11月17日に開催された第１回代表者会議において FIBA（世界バスケットボール連盟）より以下のように発表された[234]。

① 　ゲームの方式は予選、準決勝、決勝の３つのリーグとする。
② 　参加国は16ヵ国の予定のところイスラエルが国際情勢の悪化で不参加を表明したため15ヵ国とする。

③ 参加国数が15ヵ国になり、本大会への出場資格を決定するための予選が不必要となったため、4チームずつ4グループ（1グループは3チーム）に分かれて本大会の予選リーグを行う。

④ ヘルシンキオリンピックにおける8位までの国を各グループに2チームずつ割り当て、その他の7ヵ国は抽選によって各グループに2チームずつ割り振る（表12）。表12のカッコ内の数字はヘルシンキオリンピックでの順位を示し、第8位のアルゼンチンが不参加のため世界選手権3位のフィリピンを8番目に加える。

表12. 本大会予選リーグ

Aグループ	アメリカ（1）	フィリピン	タイ	日本
Bグループ	ソ連（2）	フランス（7）	カナダ	シンガポール
Cグループ	ウルグアイ（3）	ブルガリア（6）	韓国	台湾
Dグループ	チリ（4）	ブラジル（5）	豪州	

前田昌保（1958）バスケットボール，第16オリンピアード大会報告書．日本体育協会，p.98
より作成

⑤ 準決勝および決勝リーグ
ヘルシンキオリンピック終了後、大会の試合方式は準決勝リーグ上位8チーム、決勝リーグ上位4チームで行うことに決定されていたが、FIBAの希望と代表者の申し合わせによりそれぞれのゲームの成績によって上位8チームと下位7チームに分かれて準決勝および決勝リーグを行うことに変更する。

Aグループに入った日本の初戦は、圧倒的な強さを持ち、優勝間違いなしとされるアメリカとの対戦となった。第2戦は、宿敵アジアの覇者フィリピンとの雌雄を決することとなり[235]、予選リーグの最後にタイと対戦することとなった。

3－2．試合の経過

アメリカ戦

　前田は日本がアメリカに勝つ見込みはないと予想していたが、下手な
ゲームをすると翌日に控えた予選での天王山として位置づけられるフィ
リピン戦の調子が崩れると考えた。そこで、得点や勝敗にこだわらず可
能な限りボールを持つ時間を長くしてアメリカの鋭い攻撃をかわし、調
子を崩されないように心がけ、チャンスには思い切ってプレーし、確実
なシュートのタイミングをつかむように努めることにした[236)]。また、平
均身長195cm、体重93kgをほこるアメリカのスタープレーヤーとまとも
にセットオフェンスで張り合っても太刀打ちできないことから、日本の
ボールになった時は思い切ってファストブレイクを試み、ディフェンス
では2－3ゾーンディフェスを用い[237)]、プレーヤーを適宜交代させて体力
の消耗を防ぐことにした[238)]。

　11月23日に行われたアメリカ戦において日本は杉山、斎藤、糸山、今
泉、東海林でスタートした[239)]。アメリカは、主力センターのラッセル
とフォワードのジョーンズをベンチに温存してスタートした[240)]。日本
は極めて快調に滑り出し、速いペースの攻撃から今泉の得意とするジャ
ンプシュート、斎藤、杉山のドライブからのシュートが決まり、アメリ
カの調子が上がらない間に日本の細かい、鋭いプレーで先行すると、流
石のアメリカも8分過ぎにコーチが慌ててオフィシャル席に飛び出して
タイムアウトを要求した[241)]。ここで、アメリカはラッセルとジョーン
ズを入れてベストメンバーとしたが、その後も一進一退の攻防が続き、
日本の僅かな先行でゲームが展開した。日本は、14分に17－17の同点に
なるまでペースを摑み、好ゲームを展開したが、その後はアメリカが調
子を上げてプレス気味の激しいマンツーマンスイッチディフェンスに切
り替え、ドリブルとパスコースを抑えてきた。これに対して日本は萎縮
し、自滅してしまった[242)243)]。日本の唯一のチャンスは、ファストブレ
イクとディフェンスの第一線をドリブルで割ってすぐに放つジャンプ
シュートだけで、さらに一歩リングへと踏み込むとフリースローライン

写真5. アメリカのラッセル

浜名二正編（1957）アサヒスポーツ年鑑. 朝日新聞社, p.15より転載

辺りに位置するゴールキーパー的な存在である身長205cm のラッセルにシュートを叩かれてしまった[244]。 前半の半ばよりアメリカの激しいオールコートディフェンスに追い回された日本は疲れが見えてきたため、後半は全員を交代させながらゲームを展開したが、体力とリーチの差に為す術なく、得点差は開くばかりであった[245][246]。最終スコアは40−98となり、日本は初戦を落とした。

フィリピン戦

　フィリピン戦は、アメリカ戦の翌日11月24日に行われた[247]。日本にとってフィリピン戦はアジア大会の雪辱を期し、上位リーグ進出のために是が非でも勝たなければならない対戦であった[248]。杉山がセンタージャンプのボールを奪い、ドライブからのジャンプシュートで先取点をあげ、日本は幸先の良いスタートを切ったが、その直後ロイサガにドリブルでゴール下に上手くまわり込まれて同点とされ、一進一退の展開となった[249][250]。日本は、東海林のジャンプシュート、杉山、斎藤のミドルシュート、糸山の連続フリースローで若干のリードを続けたが、ヘナトとロイサガの個人技で得点され、10分には16−16の同点となった[251][252]。日本はマンツーマンディフェンスとゾーンディフェンスを交互に使用し、両ディフェンス戦術ともに悪い出来ではなかったが、オフェンスの調子が上がらず、苦しいゲーム運びとなった[253]。好調のロイサガに対して今泉と糸山とで交互にマークし、ゴール下を固めたが、リムとヘナトにミドルシュートを決められ、日本はフィリピンの攻撃を一方的に受ける状態となり、29−37と日本はフィリピンに８点リードされて前半を終えた[254][255]。後半、日本は奮起して今泉のジャンプシュートや杉山のドライブなどに加えてファストブレイクも成功し、後半５分で42−44とフィリピンに１ゴール差にまで迫った。しかし、日本は不覚にもここで３本続けてイージーシュートを外してしまった。その後、後半８分過ぎには再び46−48とフィリピンに１ゴール差にまで迫ったが、続くシュートが決まらなった。こうして、同点あるいはリードのチャンスを失ってから

はロイサガの活躍を許してしまい、反対に日本のシュートの不振は致命的なものとなり、徐々に点差を開けられ、後半14分には52-61とフィリピンにリードを広げられてしまった[256)257)]。ゲーム開始からの激しい攻防の連続により両チームとも相当に疲労していたなかフィリピンがボールキープを始めたため、日本はオールコートプレスディフェンスを使用せざるを得なかった。日本のディフェンスに対してフィリピンは優れた個人技を発揮し、日本は61-77と16点の大差でフィリピンに敗れた[258)259)]。これにより、日本の上位グループ進出への路は阻まれてしまった。

タイ戦

　予選リーグ最後のタイ戦は11月26日に行われた[260)]。この日の日本は全員疲労気味ではあったもののファストブレイクもミドルシュートも割合に良く成功し、楽にゲームをリードすることができた[261)262)]。日本は東南アジア大会およびアジア大会においてタイと対戦した経験があり、身長では日本に分があった。日本はチャンスがあっても決してミドルシュートを狙わず、ゴール下までボールを進入させるタイのオフェンスの特徴を熟知していたので、思い切って小さいゾーンディフェンスを張ってゴール下への侵入を抑えた[263)264)]。このゲームにおいて日本は、本大会で初めて全てのプレーヤーを出場させ、70-50でタイに大勝することができた[265)266)]。これにより、日本は予選リーグ1勝2敗となり、準決勝リーグは下位グループで韓国とカナダと対戦することになった（表14）。

表14. 準決勝リーグ組み合わせ

上位グループ	Aグループ	ウルグアイ	ソ連	チリ	フィリピン
	Bグループ	ブルガリア	ブラジル	フランス	アメリカ
下位グループ	Cグループ	豪州	シンガポール	台湾	タイ
	Dグループ	韓国	カナダ	日本	

前田昌保（1957）オリンピック大会報告書．バスケットボール．日本バスケットボール協会，(29)：3より作成

韓国戦

　韓国戦はタイ戦から2日後の11月28日に行われた[267]。韓国は、大日本バスケットボール協会の理事を長年勤め、日本のバスケットボールの発展に多大なる貢献と功績を残した李想白が副団長を務めていた[268]。韓国は国内事情もあり、ほとんどが軍事関係者で構成されており、年長者3人以外は20歳くらいの次代を背負うプレーヤーたちであった[269]。

　日本はファストブレイクとミドルシュートで終始韓国を圧倒し、前半で勝敗が決まった感があった[270][271]。韓国は、スピードあふれるチームで、主なオフェンスはファストブレイクとジャンプシュートであった。韓国は日本に似た体格とプレーをするので、日本としては戦いやすく、また糸山の身長は東洋では有利性を発揮することができ、ゲーム運びを楽にした。さらに、韓国は血気に逸るため粗暴なプレーからファウルが続出し、自滅した形となった[272][273]。最終的に83-67で日本が勝利をおさめた。

カナダ戦

　日本と大会前に練習マッチを行ったカナダは、アメリカに次ぐ長身チームで平均身長は194cmもあり、さらに平均体重は約90kgであった[274][275]。カナダとの練習マッチにおいてカナダの身長と体重に悩まされた日本は、準決勝リーグの対戦ではファストブレイクをいかすこととカナダの用いる狭い2-3ゾーンディフェンスを速いパスと動きで攻略し、ミドルシュートのチャンスを作り出すことにした[276]。

　カナダ戦は韓国戦の翌日の11月29日に行われた[277]。カナダは日本に対してポストプレーを執拗に繰り返した。また、日本は終始ゾーンディフェンスを行っていたが、長身で体重約112.5kgの体格をいかしてプレーするカナダのセンターを全く防ぐことができなかった[278][279]。カナダのディフェンスは狭い2-3ゾーンディフェンスであり、カナダのディフェンスを意識し過ぎた日本はミドルシュートもドライブからのシュートもフォームとタイミングが崩れ、成功率が低くなってしまった。どうして

も点差を詰めることができなかった日本は60－73でカナダに敗れた[280)281)]。これにより、日本は準決勝リーグにおいて1勝1敗となり、次の決勝リーグでは9－12位決定戦を戦うことになった。

表15.　決勝リーグ組み合わせ

上位グループ	1位より4位まで	アメリカ	ソ連	ウルグアイ	フランス
	5位より8位まで	ブルガリア	ブラジル	フィリピン	チリ
下位グループ	9位より12位まで	カナダ	日本	台湾	豪州
	13位より15位まで	シンガポール	韓国	タイ	

前田昌保（1958）バスケットボール，第16オリンピアード大会報告書．日本体育協会，p.98より作成

台湾戦

　9－12位決定戦の初戦は11月30日に行われ、最初の対戦相手は台湾であった[282)]。台湾とは、過去に東南アジア大会およびアジア大会で2度対戦しているが、2度とも苦杯をなめさせられていた。そのため、日本は屈辱を晴らそうと全員闘志を燃やしていた。ゲーム開始よりファストブレイクが成功し、システムプレーおよびミドルシュートの調子もきわめて良く、日本にとって今大会で最も快調なゲームであった[283)]。台湾のオフェンスは個人技に走り過ぎ、組織的でないため日本のディフェンスを破ることができなかった。また、台湾には年齢的にすでに限界をむかえているプレーヤーもおり、日本のスピードについて行けなかった[284)]。日本は台湾を全く寄せ付けず、82－61で完勝した[285)]。

カナダ戦

　日本の最終戦となる9・10位決定戦は12月1日に行われ[286)]、カナダとの再戦となった[287)]。カナダは、準決勝リーグと同様にこのゲームでも狭い2－3ゾーンディフェンスを用いて日本の進入を警戒し、ゴール下を固めた[288)]。日本も前回の轍を踏まぬようファストブレイクとミドルシュートに重点を置いたが、カナダのポストプレーに対するディフェンスで精一杯になり、さらには連戦の疲れにより、オフェンスに精彩を欠

写真6．日本対カナダ戦
日本バスケットボール協会編（1957）バスケットボール．日本バスケットボール協会，（29）
より転載

き、60-75でカナダに敗れた[289)290)]。これにより、日本の10位が決定し、日本のメルボルンオリンピックが終わった。

表16. メルボルンオリンピックにおける日本の対戦成績

日	ゲーム種別	結果
11/23	予選リーグ	日本 40-98 アメリカ
11/24		日本 61-77 フィリピン
11/26		日本 70-50 タイ
11/28	準決勝リーグ (下位グループ)	日本 83-67 韓国
11/29		日本 60-73 カナダ
11/30	決勝リーグ (下位グループ)	日本 82-61 台湾
12/1		日本 60-75 カナダ

前田昌保（1958）バスケットボール，第16オリンピアード大会報告書．日本体育協会，pp.99-102から作成

　12月1日に行われた決勝はアメリカ対ソ連の対戦となり[291)]、アメリカがソ連を88-55で避け、オリンピック大会4度目の金メダルを獲得した[292)]。日本は7試合を戦い、3勝4敗で第10位となった[293)]。10位という成績は、日本にとって満足のいくものではなかったが、これまでに苦戦した台湾や韓国に快勝し、一つ高い水準に達したことを示すことができた大会となった[294)]。

　こうして、20年ぶりに出場したオリンピックでの戦いを終えた日本のバスケットボールは、4年後のローマ大会にむけて動き出したのであった。

【注記及び参考文献】
1）日本体育協会編（1958）第16回オリンピアード大会報告書．日本体育協会，p.322.
2）同上書，p.327.
3）同上書，p.323.
4）同上書，p.328.
5）同上書，p.328.
6）日本が不参加であった第2回世界選手権大会の資料を日本バスケットボール協会が委員会に提出した理由は定かではない。
7）前田昌保（1958）日本バスケットボール協会，日本体育協会，第16回オリンピ

写真7．バスケットボール日本代表

鈴木良徳編（1957）第16回オリンピアードメルボルン．日本オリンピック後援会，p.197より
転載

　　アード大会報告書．日本体育協会，p.97.
8）日本体育協会編（1958）第16回オリンピアード大会報告書．日本体育協会，p.329
9）日本バスケットボール協会編（1956）わかっていること確実に実行する，バス
　　ケットボール．日本バスケットボール協会，（26）：36-38.
10）日本体育協会編（1958）第16回オリンピアード大会報告書．日本体育協会，p.329
11）同上書，p.329.
12）前田昌保（1958）日本バスケットボール協会，日本体育協会，第16回オリンピ
　　アード大会報告書．日本体育協会，p.97.
13）日本バスケットボール協会編（1981）バスケットボールの歩み：日本バスケッ
　　トボール協会50年史．日本バスケットボール協会，p.626.
14）佐伯正博（1956）第一次合宿からゲーム終了まで，バスケットボール．日本バ
　　スケットボール協会，（26）：13.
15）前田昌保（1958）日本バスケットボール協会，日本体育協会，第16回オリンピ
　　アード大会報告書．日本体育協会，p.97.
16）日本バスケットボール協会編（1981）バスケットボールの歩み：日本バスケッ

トボール協会50年史．日本バスケットボール協会，p.4863.

17）前田昌保（1956）対フィリピン戦を終えて，バスケットボール．日本バスケットボール協会，（26）：6.

18）佐伯正博（1956）第一次合宿からゲーム終了まで，バスケットボール．日本バスケットボール協会，（26）：13.

19）前田昌保（1956）対フィリピン戦を終えて，バスケットボール．日本バスケットボール協会，（26）：6-7.

20）同上書：7.

21）佐伯正博（1956）第一次合宿からゲーム終了まで，バスケットボール．日本バスケットボール協会，（26）：13.

22）日本バスケットボール協会編（1956）オリンピック候補選手決まる．バスケットボール．日本バスケットボール協会，（25）：23.

23）日本バスケットボール協会編（1956）オリンピックをめざして「強化練習」便り　第一次合宿より．バスケットボール．日本バスケットボール協会，（25）：35.

24）同上書：35.

25）佐伯正博（1956）第一次合宿からゲーム終了まで，バスケットボール．日本バスケットボール協会，（26）：14.

26）前田昌保（1956）対フィリピン戦を終えて，バスケットボール．日本バスケットボール協会，（26）：7.

27）佐伯正博（1956）第一次合宿からゲーム終了まで，バスケットボール．日本バスケットボール協会，（26）：14.

28）同上書：14.

29）日本バスケットボール協会編（1956）オリンピックをめざして「強化練習」便り　第一次合宿より．バスケットボール．日本バスケットボール協会，（25）：36.

30）同上書：36.

31）佐伯正博（1956）第一次合宿からゲーム終了まで，バスケットボール．日本バスケットボール協会，（26）：14.

32）前田昌保（1956）対フィリピン戦を終えて，バスケットボール．日本バスケットボール協会，（26）：7.

33）佐伯正博（1956）第一次合宿からゲーム終了まで，バスケットボール．日本バスケットボール協会，（26）：15.

34）日本バスケットボール協会編（1956）オリンピック候補選手決まる．バスケットボール．日本バスケットボール協会，（25）：23.

35）佐伯正博（1956）第一次合宿からゲーム終了まで，バスケットボール．日本バスケットボール協会，（26）：15.

36）同上書：13.

37）同上書：15.

38）同上書：15.

39）前田昌保（1956）対フィリピン戦を終えて，バスケットボール．日本バスケッ
　　トボール協会，（26）：7．
40）佐伯正博（1956）第一次合宿からゲーム終了まで，バスケットボール．日本バ
　　スケットボール協会，（26）：15．
41）同上書：15．
42）日本バスケットボール協会編（1956）オリンピック候補選手決まる．バスケッ
　　トボール．日本バスケットボール協会，（25）：23．
43）佐伯正博（1956）第一次合宿からゲーム終了まで，バスケットボール．日本バ
　　スケットボール協会，（26）：18．
44）同上書：13．
45）同上書：16．
46）同上書：16．
47）同上書：18．
48）同上書：18．
49）同上書：18．
50）同上書：18．
51）同上書：18．
52）同上書：18．
53）同上書：18．
54）同上書：18．
55）日本バスケットボール協会編（1956）オリンピック候補選手決まる．バスケッ
　　トボール．日本バスケットボール協会，（25）：23．
56）佐伯正博（1956）第一次合宿からゲーム終了まで，バスケットボール．日本バ
　　スケットボール協会，（26）：18．
57）同上書：18．
58）同上書：18．
59）同上書：18．
60）前田昌保（1956）対フィリピン戦を終えて，バスケットボール．日本バスケッ
　　トボール協会，（26）：7-8．
61）同上書：7-8．
62）佐伯正博（1956）第一次合宿からゲーム終了まで，バスケットボール．日本バ
　　スケットボール協会，（26）：18．
63）日本バスケットボール協会編（1956）日比親善試合対全日本戦．バスケットボー
　　ル．日本バスケットボール協会，（26）：23．
64）佐伯正博（1956）第一次合宿からゲーム終了まで，バスケットボール．日本バ
　　スケットボール協会，（26）：18．
65）同上書：18．
66）同上書：18．
67）同上書：18-19．
68）同上書：19．

69) 前田昌保（1956）対フィリピン戦を終えて，バスケットボール．日本バスケットボール協会，（26）：8.

70) 佐伯正博（1956）第一次合宿からゲーム終了まで，バスケットボール．日本バスケットボール協会，（26）：19.

71) 前田昌保（1956）対フィリピン戦を終えて，バスケットボール．日本バスケットボール協会，（26）：8.

72) 同上書：8.

73) 同上書：8.

74) 佐伯正博（1956）第一次合宿からゲーム終了まで，バスケットボール．日本バスケットボール協会，（26）：19.

75) 同上書：19.

76) 同上書：19.

77) 日本バスケットボール協会編（1956）日比親善試合対全日本戦．バスケットボール．日本バスケットボール協会，（26）：22.

78) 佐伯正博（1956）第一次合宿からゲーム終了まで，バスケットボール．日本バスケットボール協会，（26）：19.

79) 同上書：19.

80) 日本バスケットボール協会編（1956）日比親善試合対全日本戦．バスケットボール．日本バスケットボール協会，（26）：23.

81) 佐伯正博（1956）第一次合宿からゲーム終了まで，バスケットボール．日本バスケットボール協会，（26）：19.

82) 同上書：19.

83) 同上書：19.

84) 日本バスケットボール協会編（1956）日比親善試合対全日本戦．バスケットボール．日本バスケットボール協会，（26）：23.

85) 佐伯正博（1956）第一次合宿からゲーム終了まで，バスケットボール．日本バスケットボール協会，（26）：19.

86) 日本バスケットボール協会編（1956）日比親善試合対全日本戦．バスケットボール．日本バスケットボール協会，（26）：23.

87) 佐伯正博（1956）第一次合宿からゲーム終了まで，バスケットボール．日本バスケットボール協会，（26）：19.

88) 日本バスケットボール協会編（1956）日比親善試合対全日本戦．バスケットボール．日本バスケットボール協会，（26）：23.

89) 佐伯正博（1956）第一次合宿からゲーム終了まで，バスケットボール．日本バスケットボール協会，（26）：19.

90) 日本バスケットボール協会編（1956）日比親善試合対全日本戦．バスケットボール．日本バスケットボール協会，（26）：23.

91) 同上書：23.

92) 佐伯正博（1956）第一次合宿からゲーム終了まで，バスケットボール．日本バスケットボール協会，（26）：19.

93）日本バスケットボール協会編（1956）日比親善試合対全日本戦．バスケットボール．日本バスケットボール協会，（26）：23．

94）同上書：24．

95）同上書：24．

96）同上書：24．

97）同上書：24．

98）同上書：24．

99）同上書：24．

100）同上書：24．

101）同上書：24．

102）佐伯正博（1956）第一次合宿からゲーム終了まで，バスケットボール．日本バスケットボール協会，（26）：20．

103）日本バスケットボール協会編（1956）日比親善試合対全日本戦．バスケットボール．日本バスケットボール協会，（26）：24．

104）同上書：24．

105）同上書：24．

106）同上書：25．

107）同上書：25．

108）同上書：25．

109）同上書：25．

110）佐伯正博（1956）第一次合宿からゲーム終了まで，バスケットボール．日本バスケットボール協会，（26）：20．

111）日本バスケットボール協会編（1956）日比親善試合対全日本戦．バスケットボール．日本バスケットボール協会，（26）：25．

112）同上書：25．

113）同上書：25．

114）同上書：25．

115）佐伯正博（1956）第一次合宿からゲーム終了まで，バスケットボール．日本バスケットボール協会，（26）：20．

116）日本バスケットボール協会編（1956）日比親善試合対全日本戦．バスケットボール．日本バスケットボール協会，（26）：25．

117）佐伯正博（1956）第一次合宿からゲーム終了まで，バスケットボール．日本バスケットボール協会，（26）：20．

118）日本バスケットボール協会編（1956）日比親善試合対全日本戦．バスケットボール．日本バスケットボール協会，（26）：22．

119）同上書：22．

120）同上書：22．

121）佐伯正博（1956）第一次合宿からゲーム終了まで，バスケットボール．日本バスケットボール協会，（26）：20．

122）日本バスケットボール協会編（1956）日比親善試合対全日本戦．バスケット

ボール．日本バスケットボール協会，（26）：22.

123）同上書：22.

124）佐伯正博（1956）第一次合宿からゲーム終了まで，バスケットボール．日本バスケットボール協会，（26）：20.

125）同上書：20.

126）日本バスケットボール協会編（1956）日比親善試合対全日本戦．バスケットボール．日本バスケットボール協会，（26）：22.

127）同上書：25.

128）佐伯正博（1956）第一次合宿からゲーム終了まで，バスケットボール．日本バスケットボール協会，（26）：20.

129）日本バスケットボール協会編（1956）日比親善試合対全日本戦．バスケットボール．日本バスケットボール協会，（26）：25.

130）佐伯正博（1956）第一次合宿からゲーム終了まで，バスケットボール．日本バスケットボール協会，（26）：20.

131）日本バスケットボール協会編（1956）日比親善試合対全日本戦．バスケットボール．日本バスケットボール協会，（26）：26.

132）佐伯正博（1956）第一次合宿からゲーム終了まで，バスケットボール．日本バスケットボール協会，（26）：20.

133）日本バスケットボール協会編（1956）日比親善試合対全日本戦．バスケットボール．日本バスケットボール協会，（26）：26.

134）同上書：26.

135）同上書：26.

136）佐伯正博（1956）第一次合宿からゲーム終了まで，バスケットボール．日本バスケットボール協会，（26）：20.

137）日本バスケットボール協会編（1956）日比親善試合対全日本戦．バスケットボール．日本バスケットボール協会，（26）：26.

138）同上書：26.

139）同上書：26.

140）佐伯正博（1956）第一次合宿からゲーム終了まで，バスケットボール．日本バスケットボール協会，（26）：20.

141）同上書：20.

142）日本バスケットボール協会編（1956）日比親善試合対全日本戦．バスケットボール．日本バスケットボール協会，（26）：26.

143）同上書：26 .

144）同上書：26.

145）同上書：26.

146）佐伯正博（1956）第一次合宿からゲーム終了まで，バスケットボール．日本バスケットボール協会，（26）：21.

147）日本バスケットボール協会編（1956）日比親善試合対全日本戦．バスケットボール．日本バスケットボール協会，（26）：26.

148）同上書：26-27.
149）同上書：27.
150）同上書：27.
151）同上書：27.
152）佐伯正博（1956）第一次合宿からゲーム終了まで，バスケットボール．日本バスケットボール協会，（26）：21.
153）日本バスケットボール協会編（1956）日比親善試合対全日本戦．バスケットボール．日本バスケットボール協会，（26）：27.
154）同上書：27.
155）同上書：27.
156）同上書：27.
157）同上書：27.
158）佐伯正博（1956）第一次合宿からゲーム終了まで，バスケットボール．日本バスケットボール協会，（26）：21.
159）日本バスケットボール協会編（1956）日比親善試合対全日本戦．バスケットボール．日本バスケットボール協会，（26）：25.
160）同上書：27.
161）佐伯正博（1956）第一次合宿からゲーム終了まで，バスケットボール．日本バスケットボール協会，（26）：21.
162）日本バスケットボール協会編（1956）日比親善試合対全日本戦．バスケットボール．日本バスケットボール協会，（26）：22.
163）同上書：27.
164）同上書：27.
165）同上書：27.
166）同上書：28.
167）同上書：28.
168）同上書：28.
169）同上書：28.
170）佐伯正博（1956）第一次合宿からゲーム終了まで，バスケットボール．日本バスケットボール協会，（26）：21.
171）日本バスケットボール協会編（1956）日比親善試合対全日本戦．バスケットボール．日本バスケットボール協会，（26）：28.
172）同上書：28.
173）同上書：28.
174）同上書：28.
175）同上書：28.
176）同上書：28.
177）同上書：28.
178）同上書：28.
179）同上書：28.

180) 同上書：28.

181) 同上書：28.

182) 同上書：28.

183) 同上書：28.

184) 同上書：28.

185) 同上書：29.

186) 同上書：29.

187) 同上書：29.

188) 同上書：29.

189) 同上書：29.

190) 同上書：29.

191) 同上書：29.

192) 同上書：29.

193) 同上書：29.

194) 同上書：29.

195) 前田昌保（1956）対フィリピン戦を終えて，バスケットボール．日本バスケットボール協会，（26）：8.

196) 同上書：8.

197) 同上書：9.

198) 日本バスケットボール協会編（1956）オリンピックへの出場決る．バスケットボール．日本バスケットボール協会，（27）：2.

199) 日本体育協会編（1956）オリンピック．体協時報．日本体育協会，（54）：644.

200) 日本バスケットボール協会編（1956）日比親善試合対全日本戦．バスケットボール．日本バスケットボール協会，（27）：2.

201) 日本体育協会編（1956）オリンピック．体協時報．日本体育協会，（48）：542.

202) 日本バスケットボール協会編（1956）オリンピックへの出場決る．バスケットボール．日本バスケットボール協会，（27）：2.

203) 同上書：2.

204) 同上書：2.

205) 同上書：2.

206) オリンピック候補選手選考委員会編（1956）候補選手の詮衡と練習方針．バスケットボール．日本バスケットボール協会，（27）：6.

207) 同上書：4.

208) 同上書：4.

209) 同上書：4.

210) 前田昌保（1958）バスケットボール，第16オリンピアード大会報告書．日本体育協会，p.97.

211) 同上書，p.97.

212) オリンピック候補選手選考委員会編（1956）候補選手の詮衡と練習方針．バスケットボール．日本バスケットボール協会，（27）：4.

213）前田昌保（1956）候補選手に望む．バスケットボール．日本バスケットボール協会，（27）：7.

214）前田昌保（1958）バスケットボール，第16回オリンピアード大会報告書．日本体育協会，p.97.

215）同上書，p.97.

216）前田昌保（1956）候補選手に望む．バスケットボール．日本バスケットボール協会，（27）：6-7.

217）前田昌保（1958）バスケットボール，第16回オリンピアード大会報告書．日本体育協会，p.97.

218）同上書，p.97.

219）日本バスケットボール協会編（1956）メルボルンへ．バスケットボール．日本バスケットボール協会，（28）：7.

220）前田昌保（1958）バスケットボール，第16オリンピアード大会報告書．日本体育協会，p.97.

221）同上書，p.98.

222）前田昌保（1957）オリンピック大会報告書．バスケットボール．日本バスケットボール協会，（29）：2.

223）日本体育協会編（1958）第16回オリンピアード大会報告書．日本体育協会，p.337.

224）前田昌保（1957）オリンピック大会報告書．バスケットボール．日本バスケットボール協会，（29）：2.

225）同上書：2-3.

226）同上書：2.

227）同上書：2.

228）同上書：2.

229）前田昌保（1958）バスケットボール，第16回オリンピアード大会報告書．日本体育協会，p.98.

230）前田昌保（1957）オリンピック大会報告書．バスケットボール．日本バスケットボール協会，（29）：2.

231）前田昌保（1958）バスケットボール，第16回オリンピアード大会報告書．日本体育協会，p.98.

232）同上書，p.98.

233）同上書，p.98.

234）同上書，p.98.

235）前田昌保（1957）オリンピック大会報告書．バスケットボール．日本バスケットボール協会，（29）：4.

236）同上書：4.

237）同上書：4.

238）同上書：4.

239）同上書：4.

240) 前田昌保（1958）バスケットボール，第16回オリンピアード大会報告書．日本体育協会，p.99.
241) 前田昌保（1957）オリンピック大会報告書．バスケットボール．日本バスケットボール協会，（29）：4.
242) 同上書：4-5.
243) 前田昌保（1958）バスケットボール，第16回オリンピアード大会報告書．日本体育協会，pp.99-100.
244) 同上書，p.100.
245) 前田昌保（1957）オリンピック大会報告書．バスケットボール．日本バスケットボール協会，（29）：5.
246) 前田昌保（1958）バスケットボール，第16回オリンピアード大会報告書．日本体育協会，p.100.
247) 前田昌保（1958）日本バスケットボール協会，日本体育協会，第16回オリンピアード大会報告書．日本体育協会，p.99.
248) 前田昌保（1957）オリンピック大会報告書．バスケットボール．日本バスケットボール協会，（29）：5.
249) 同上書：5.
250) 前田昌保（1958）バスケットボール，第16回オリンピアード大会報告書．日本体育協会，p.100.
251) 前田昌保（1957）オリンピック大会報告書．バスケットボール．日本バスケットボール協会，（29）：5.
252) 前田昌保（1958）バスケットボール，第16回オリンピアード大会報告書．日本体育協会，p.100.
253) 同上書，p.100.
254) 前田昌保（1957）オリンピック大会報告書．バスケットボール．日本バスケットボール協会，（29）：6.
255) 前田昌保（1958）バスケットボール，第16回オリンピアード大会報告書．日本体育協会，p.100.
256) 前田昌保（1957）オリンピック大会報告書．バスケットボール．日本バスケットボール協会，（29）：6.
257) 前田昌保（1958）バスケットボール，第16回オリンピアード大会報告書．日本体育協会，p.100.
258) 同上書，p.100.
259) 前田昌保（1957）オリンピック大会報告書．バスケットボール．日本バスケットボール協会，（29）：6.
260) 前田昌保（1958）日本バスケットボール協会，日本体育協会，第16回オリンピアード大会報告書．日本体育協会，p.99.
261) 前田昌保（1957）オリンピック大会報告書．バスケットボール．日本バスケットボール協会，（29）：6.
262) 前田昌保（1958）バスケットボール，第16回オリンピアード大会報告書．日本

体育協会，p.101.

263）前田昌保（1957）オリンピック大会報告書．バスケットボール．日本バスケットボール協会，（29）：6.

264）前田昌保（1958）バスケットボール，第16回オリンピアード大会報告書．日本体育協会，p.101.

265）同上書，p.101.

266）前田昌保（1957）オリンピック大会報告書．バスケットボール．日本バスケットボール協会，（29）：6.

267）前田昌保（1958）日本バスケットボール協会，日本体育協会，第16回オリンピアード大会報告書．日本体育協会，p.99.

268）前田昌保（1957）オリンピック大会報告書．バスケットボール．日本バスケットボール協会，（29）：7.

269）同上書：7.

270）同上書：7.

271）前田昌保（1958）バスケットボール，第16回オリンピアード大会報告書．日本体育協会，p.101.

272）前田昌保（1957）オリンピック大会報告書．バスケットボール．日本バスケットボール協会，（29）：7.

273）前田昌保（1958）バスケットボール，第16回オリンピアード大会報告書．日本体育協会，p.101.

274）同上書，p.101.

275）前田昌保（1957）オリンピック大会報告書．バスケットボール．日本バスケットボール協会，（29）：7.

276）同上書：7.

277）前田昌保（1958）日本バスケットボール協会，日本体育協会，第16回オリンピアード大会報告書．日本体育協会，p.99.

278）前田昌保（1957）オリンピック大会報告書．バスケットボール．日本バスケットボール協会，（29）：7.

279）前田昌保（1958）バスケットボール，第16回オリンピアード大会報告書．日本体育協会，p.101.

280）同上書，p.101.

281）前田昌保（1957）オリンピック大会報告書．バスケットボール．日本バスケットボール協会，（29）：7.

282）前田昌保（1958）日本バスケットボール協会，日本体育協会，第16回オリンピアード大会報告書．日本体育協会，p.99.

283）前田昌保（1958）バスケットボール，第16回オリンピアード大会報告書．日本体育協会，p.102.

284）同上書，p.102.

285）前田昌保（1957）オリンピック大会報告書．バスケットボール．日本バスケットボール協会，（29）：8.

286）前田昌保（1958）日本バスケットボール協会，日本体育協会，第16回オリンピアード大会報告書．日本体育協会，p.99.
287）前田昌保（1958）バスケットボール，第16回オリンピアード大会報告書．日本体育協会，p.102.
288）前田昌保（1957）オリンピック大会報告書．バスケットボール．日本バスケットボール協会，（29）：8.
289）同上書：8.
290）前田昌保（1958）バスケットボール，第16回オリンピアード大会報告書．日本体育協会，p.102.
291）前田昌保（1958）日本バスケットボール協会，日本体育協会，第16回オリンピアード大会報告書．日本体育協会，p.98.
292）日本バスケットボール協会編（1957）バスケットボール．日本バスケットボール協会，（29）：47.
293）前田昌保（1958）バスケットボール，第16回オリンピアード大会報告書．日本体育協会，p.102.
294）森沢誠一（1957）ローマへの道を．バスケットボール．日本バスケットボール協会，（29）：28.

第 4 章

ローマオリンピックにおける
日本のバスケットボール

（執筆責任者：渡邊　瑛人）

　1960（昭和35）年のローマオリンピックにおいてバスケットボール日本代表は、ベルリン、メルボルンに次いで3度目の出場を果たした。メルボルンオリンピックは、参加国の顔ぶれから見ても世界の列強を網羅した大会とはいえなかった。その点、ローマオリンピックのバスケットボール競技は、前回大会の上位国と世界選手権および各地域の優勝チーム、開催国のイタリアがシードとされ、残り5枠は予選を経て選出された。アジアからの参加は日本とフィリピンのみで、名実ともに世界最強のチームが出揃ったとされている[1]。

　以下、本章では、メルボルンオリンピック以降、ローマオリンピックに至るまでのバスケットボール日本代表の4年間を、時系列でみていきたい。

1．メルボルンオリンピックから導かれた課題

　メルボルンオリンピックにおける日本代表チームは、アジア諸国との対戦では決して引けを取らなかったが、アメリカ、カナダといった強豪国との試合では身長と体格の差をまざまざと見せ付けられた[2]。しかし、日本代表の関係者は長身者だけを集めれば強化が進むと考えていたわけではない。それは、オリンピックで見た欧州及び南米諸国には長身者が必ず2人はいたものの、チームをリードするガードのプレーヤーは必ず

といってよいほどに短身者だったからである。そのため、体力があり激しく鋭いプレーができるプレーヤーを養成し、シュート力をはじめとする技術を磨くことがまずもって必要で、その上で身長を求めるべきだと認識された[3]。

　メルボルンオリンピックのバスケットボールを語る上で、優勝国アメリカのオールコートマンツーマン・スウィッチ・ディフェンスは、特筆すべきものがあった。前回のヘルシンキオリンピックでは、圧倒的なオフェンス力を持ったアメリカ対策として、各国はほとんどシュートせずにボールをキープすることによって、得点の少ない試合を展開するディレード・オフェンスを採用していた。特に、アメリカはソ連にボールを7割キープされて苦しんだ経験から、メルボルンオリンピックではこのディフェンスを採用したのである[4]。「日本で負けている時にやる、一か八かのプレスとは全然違うもの」[5]と糸山が語るように、アメリカのディフェンス戦術は、従来のボールを奪うことが主目的のプレスディフェンスとは異なっていた。従来は、ボールマンにマッチアップする第一線のディフェンスは抜かれてもよい前提で思い切ったプレーが多かったのに対し、今回のアメリカのプレスは、決して抜かれないようにあらゆる工夫が施されていた。

　また、オールコートでディフェンスを行う際には、オフェンス2人が重なり合う瞬間にダブルチームを仕掛ける高度なコンビネーション（ジャンピング・スイッチ）を用いていた[6]。日本のコーチを務めた前田は、「一寸でもボールをキープしているとすぐはさまれる。」[7]とアメリカとの試合を振り返っている。アメリカは1人につき10分程度のプレータイムですべてのプレーヤーを起用し、40分間オールコートでの激しいディフェンスを継続した。斎藤は、アメリカのディフェンスを見て、ディフェンスのセオリーを再確認したと語っている[8]。

　オフェンス面では、日本が海外のチームから学んだ技術はジャンプ・シュートである。ドリブルで突っ込むと見せかけて急停止し、そのままジャンプして両手または片手で打つシュートを意味した。日本代表の中

では東海林が得意としたシュートだったが、日本のように身長に恵まれないプレーヤーは大いに活用すべき技術だと語られた[9]。メルボルンオリンピック大会報告会の中で森沢も、「単純なフォーメーションで第1線を割って急停止、頭の真上からジャンプ・シュートを行う。成功率は極めて高い。」と報告し、ローマオリンピックに向けてシュート力を強化するための重要な要素だと注目していた[10]。

　森沢は、日本のファストブレイクは世界でも決して見劣りしなかったと振り返る。ただし、日本のファストブレイクは綺麗だと称賛される一方で、形にとらわれずにボールを素早く運ぶことが課題として浮上していた[11]。また、ファストブレイクのシチュエーションでシュートできない時に、パスを回すことなく単純にシュートを打って終わってしまう場面が目立っていた。ファストブレイクで攻めきるのか、遅攻に切り替えるのか、さらには相手の戻りが遅い場面ではどのように攻めるのか、状況に応じた攻撃パターンの構築が求められていたのである。

　この当時の日本の課題を総括的にまとめれば、それはシュート力の強化、ファストブレイクを主とした走るプレー、激しいディフェンスの構築である[12]。こうした課題達成の目標値を高いところに設定し、妥協なく追及していくことが求められていた。その課題達成に向けて鍵となるのが、外国チームとの試合経験を持つことであった。諸外国への遠征、外国チームの招聘、また世界選手権大会への出場など、この時点の日本バスケットボール界には、課題が山積みだったが、森沢は困難を排除していく覚悟、実行力、世間の理解が重要だと力説し、プレーヤーだけでなく関係者一同の結束を強調した[13]。

2．日本バスケットボールの動向：1957（昭和32）〜1960（昭和35）年

2－1．1957（昭和32）年―AG会の結成とナット・ホルマンの来日―

　メルボルンオリンピック後の1957（昭和32）年は、翌年に東京での開催が決定していた第3回アジア競技大会に向けた取り組みが盛んに行わ

れた。

　同年４月、選手強化を目的としたアジア大会強化委員会（以下「AG
会」）が設置された。当初のメンバーには、牧山圭秀、森澤誠一、畑龍
雄、吉井四郎など錚々たる顔ぶれが並んでいる。AG会では「激しいバ
スケットをやろう」という考え方を基底として[14]、当時の日本の技術に
ついて、互いの理解の程度を深めながらチーム作りの検討が重ねられ
た。夜通し話し合うことも幾度となくあったという[15]。AG会が主催し
たアジア大会選手強化講習会は、７月に関東、12月に関西にて開かれた。
AG会の活動は講習会の主催に留まらず、アジア大会に向けたメンバー
選考もかねて、全日本学生選手権大会における各チームの批評・検討も
行っている[16]。

　また、同時期より日本バスケットボール協会技術委員会では、「日
本で一番貧弱なのはコーチの指導力不足」[17]という共通認識のもとに、
コーチング研究会を開催するようになった。当時、アメリカのバスケッ
トボールを視察した大庭哲夫は、アメリカと日本の大学生に技術的な差
はほとんどないとしつつ、アメリカ人コーチの作戦や選手起用が格段
にうまいと語っている[18]。当時の日米間に生じていた指導者の実力差の
一端が伺えよう。

　第１回のコーチング研究会は1957（昭和32）年10月の静岡国体の折
に開かれた。第２回は同年12月の全日本学生選手権大会の３日目夜に、
AG会のメンバーに参加大学チームのコーチを交えて行われた[19]。研究
会では、技術レベルの高低に関わらず、技術の体系やバスケットボール
の本質を摑むことが第一であることが強調されたという。

　この年、ニューヨーク市立大学コーチのナット・ホルマンが来日し、
10月から約３か月間にわたり、日本各地で講習会を開催する。開催地は
神戸、大阪、京都、名古屋、静岡、東京、秋田、石川、長野、佐賀、山
口であった。ホルマンは講習会の中で、「基礎技術に熟達することは、
チームとしての進歩に欠くべからざる要素である。チームの選手誰もが
攻防両面での基礎的個人技術の細かい点にまで精通していなければなら

ない。」[20] と述べ、個人攻撃（パス、ドリブル、シュート）と個人防御に分けて指導を行った。また、「バスケットボールは、スピーディーな動きの連続である。素早いカットイン、パス、シュート等めまぐるしいプレーヤーの動き、一瞬ごとに攻防の入れ替わる変化が生命である。この変化ある動きが観客をひきつけバスケットボールのスリルと特色を生み出したのだ。」[21] と語り、バスケットボール競技の本質と近代バスケットボールの真髄を日本各地に広く普及させた。なおホルマンは、個人技術だけでなく、ゾーンディフェンスに関する攻防の指導も行っているが、その一部は吉井四郎の『バスケットボール指導全書』に収められている[22]。

2－2．1958（昭和33）年―アジア競技大会を中心に―

　1958（昭和33）年は、初めて日本でアジア競技大会が開かれた。前述したように、日本では AG 会が設立され、前年からアジア大会に向けた強化を水面下で行ってきた。公式記録には、アジア大会候補選手選考講習会（1月27日〜2月1日）において初めて26名のプレーヤーが召集されたとあるが[注1]、実際には前年から AG 会主催のメンバー選考も兼ねた練習会が行われていたのである。3月17日、アジア大会にエントリーする14名が決定した。指導スタッフは AG 会のメンバーから選出されていて、当時の代表強化にあたって AG 会が強力なリーダーシップを執っていたことがわかる（表1参照）。

　3月19日から第2次合宿練習が東京で行われ、その後は、合宿練習を約1週間ずつ区切って開催し、間を通い練習とする計画が立てられた。合宿を重視していたからこそ、長期間の合宿でだれてしまうことを懸念し、短いスパンを複数設定してそれぞれに全力で取り組ませることが狙いであった[23]。

　合宿において、特に重点が置かれたのが、足の使い方（体の使い方）、安全なパス、ディフェンスである[24]。

　足の使い方に関しては、主にピボットフットや、攻守が切り替わる際の足の使い方、スピードに乗っている状態からストップする時の足の使

表1．第3回アジア競技大会バスケットボール日本代表プレーヤー

氏名（年齢）	身長	体重	所属（出身大学）
監督 森沢 誠一（47）	165cm	64kg	八千代商会（早稲田大）
コーチ 畑 龍雄（48）	170cm	68kg	武蔵高等学校（東京大）
マネジャー 大室 富弥（43）	161cm	75kg	大室靴下製造所（明治大）
糸山 隆司（25）	194.7cm	84kg	日本銅管（東京教育大）
今泉 健一（24）	182cm	83kg	日本鉱業（明治大）
斉藤 博（24）	183.8cm	80kg	日本鉱業（立教大）
杉山 武雄（24）	177cm	68kg	八幡製鉄（立教大）
藤田 学（24）	173.5cm	65kg	日本銅管（明治大）
東海林 周太郎（24）	170cm	69.5kg	日本鉱業（立教大）
青木 潔（22）	176.3cm	66.5kg	日本大
鎌田 正司（22）	179.2cm	77.5kg	早稲田大
奈良 節雄（21）	174.5cm	69kg	立教大
金田 英雄（21）	181.3cm	74.5kg	立教大
川本 礼治郎（22）	167.8cm	65.2kg	立教大
菅原 定夫（21）	192cm	80.5kg	明治大
木村 厚之助（21）	168.3cm	63.7kg	慶応義塾大
若林 薫（19）	177.5cm	70.5kg	東京教育大

森沢誠一（1959）バスケットボール．日本体育協会編．第3回アジア競技大会報告書．日本体育協会，pp.68-75.

い方に至るまで、細部に及んで注意を促した。

　パスに関しては、「1つのミスパスがそのまま得点差にあらわれてくることを考えれば、パスの安全性についてはどんなに強調されてもされすぎることはあるまい。」[25]という考えのもと、AG会主催の練習会から取り組まれてきた内容である。パスを受ける側の動きも大切だが、一番のポイントは、動きの中でディフェンスの位置に応じた最も安全なタイミングと場所を会得し、しっかりとした構えからパスを行うことだと指導された。ボールキープの観点から、今日にも通じる考え方であろう。

　ディフェンスについては、フットワークを基礎能力としつつも、それを発揮すべき場面を見極めて、その都度忠実に再現できることを意識して強化が進められた。とりわけ練習中は、ボールマンに対しては相手の

腰より低い体勢を取ること、予測してディフェンスすること、オフェンスからディフェンスに切り替わる局面ではハーフラインで相手をキャッチするかボールラインまで全速力で戻ることが強調された。当時の代表メンバーは「腰を落としてプレーすることをやかましく言われた。」[26]と語っている。

　ほかにも、フォーメーションプレーの練習やエアードリブル（空中ドリブル）の練習も行われた。エアードリブルとは、ボールを保持したプレーヤーがドリブルの初めに1回だけボールを空中に投げ（ボールを手放す）ボールが床にも、他のプレーヤーにも触れないうちに再び片手で触れる（両手で触れてはならない。又片手で支え持ってはならない）ことを指し、ドリブルを始めるときにだけ使ってよく、その後には必ずドリブルが行われなければならなかった[27]。しかし、エアードリブルが国際試合で有効な武器となることはなかった[28]。日本ではエアードリブルを単独で使ってよいと解釈していたのに対して、国際バスケットボール連盟（以下「FIBA」）ではエアードリブルは単独に存在せず、その後には必ずドリブルが続かなければならないと解釈されていたからである。この結果、立ち止まったまま、あるいは進行中にボールを得たプレーヤーがボールを放り投げ、その方向に走っていって再びボールをキャッチするプレーはキャリング・ザ・ボール（トラベリング）と判定された[29]。

　同年5月25日〜6月1日にかけて第3回アジア競技大会東京大会が開催され、バスケットボールは25日〜27日の2日間に予選リーグが行われた。決勝リーグは、各グループの2位以上（6か国）が勝ち残り、28日〜1日にかけて試合を行なった。日本の戦績は以下に示す通りである（表2参照）。

　予選リーグ第1戦の香港戦では、立ち上がり固くなってしまい、前述したキャリング・ザ・ボールの反則を10回も取られたことが影響し、なかなか流れをつかめなかった。しかし、前半終了時点で同点に追いつくと、後半には、会場の雰囲気に慣れ固さも取れたプレーヤーたちが全員出場し、15点差をつけて勝利を収めた。続くシンガポール戦では、序盤

表2．第3回アジア大会における日本チームの対戦結果

ゲームの種類	対戦相手	結果	スコア
予選Bグループ第1戦	香港	勝	日本85－70香港 （前半37－37　後半48－33）
予選Bグループ第2戦	シンガポール	勝	日本89－77シンガポール （前半50－38　後半39－39）
決勝リーグ第1戦	タイ	勝	日本97－77タイ （前半48－34　後半49－43）
決勝リーグ第2戦	韓国	勝	日本89－77韓国 （前半39－31　後半35－35）
決勝リーグ第3戦	シンガポール	勝	日本83－70シンガポール （前半49－32　後半34－38）
決勝リーグ第4戦	中国	勝	日本87－85中国 （前半40－37　後半36－39　延長11－9）
決勝リーグ第5戦	フィリピン	負	日本83－90シンガポール （前半39－50　後半44－39）

森沢誠一（1959）バスケットボール．日本体育協会編．第3回アジア競技大会報告書．日本体育協会，pp.68-75.

から激しいディフェンスで相手のペースを崩し、15本のファストブレイクを成功させた日本が早い展開を制して前半の得点差のまま勝利した。

　決勝リーグで特筆すべきは中国との一戦である。ジャンプ・シュートを得意とし、強力なフォローアップを持ち合わせていた中国に対し、日本は激しいディフェンスで少しでもジャンプ・シュートの精度を狂わせること、フォローアップに負けぬこと、得意のファストブレイクで得点することをゲームの方針に据えた。結果、終始激しい競り合いの末、決着は延長戦に持ち越され、最後は2点差で日本が勝利を収めた。勝因は激しい攻防の中でも慎重にプレーを運び、最後までファイト負けしなかったことだと回顧されている[30]。

　最終試合のフィリピン戦に際して、試合前にプレーヤーたちは勝てる公算が高いと語っていた。相手の主力プレーヤーの欠場や日本の調子の良さに手ごたえを感じていたためである[31]。しかし、試合は終始フィリピンのペースで展開された。審判の判断基準を察し、思い切りプレーで

図2．アジア競技大会の中国戦
日本体育協会編（1958）アジアのオリンピック．日本体育協会．

きなかった部分は考慮すべき点であるが、フィリピンのベテランプレーヤーたちを前に国際ゲームの経験不足を露呈した一戦となった。
　この結果、フィリピン、中国、日本が4勝1敗の同率で全日程を終える。同率の場合、リーグ中の得失点の大小で順位を付ける取り決めだったため、1位がフィリピン（得点差452）、2位が中国（得点差443）、3位が日本（得点差424）で決着した[32]。これに対し、準優勝を不服とした中国は表彰式不参加という形で抗議する。最後は植田義己らが説得にあたり、このままでは棄権とみなして日本を繰り上げ、中国を3位にする話を持ちかけると、中国のプレーヤーは涙ながらに表彰式に参加した[33]。この大会において、重点強化の一つとされていたディフェンスに確かな手ごたえを摑むことができた。

図3．アジア競技大会バスケットボール表彰式　日本（左）フィリピン（中央）中国（右）
日本体育協会編（1958）アジアのオリンピック．日本体育協会．

2－3．1959（昭和34）年—日本の動向—

　1959（昭和34）年1月30日、サンチェゴで開かれたFIBAの実行委員会にて、日本がローマオリンピックに予選なしのシード国として出場できることが決定した。当時、日本バスケットボール協会内では、予選大会から出場することが濃厚だと予想されていて、予選を突破する見通し（出場枠は上位4か国）が立っていなかった中での吉報である[34]。前年のアジア大会で得点と失点のアベレージにより3位となった日本だったが、メルボルンオリンピックの結果も踏まえ、フィリピンとともにシード権が付与された[35]。

　また、このFIBAの会議では、ローマオリンピックから新ルールが導入されることも決定している。以前より問題とされていたストーリン

グ^(注2)の対策として、ボールを保持したチームは30秒以内にシュートを
しなければならない「30秒ルール」の採用である[36]。これにより、必然
的にゲームはスピード化・活発化され、激しさと体力が一層要求される
との見方が国内でもなされていた[37]。

　同年 4 月には、ハワイ・オールスターズが来日し、 4 月15日〜 5 月 2
日にかけて、日本各地に点在する 9 チームと合わせて10試合を行った。
ハワイ・オールスターズは戦後間もない1950（昭和25）年にも来日して
いる。森沢誠一いわく、この時の彼等との試合は「我々を眩惑した自由
自在のドリブル、我々を翻弄したローリング・オフェンス、ディフェン
スの姿勢をとる暇も与えずサッと投げる見事な片手ショット、やっと得
点して、観衆の拍手の、鳴り止まぬ内に、矢の様なロングパスによる速
攻で、アッいう間に返されてしまう激しさ」[38]があったという。 9 年経っ
たこの年に同じハワイのチームと試合をすることは、日本の進歩を見定
め、さらには新しいハワイのバスケットボールの変化を学ぶ絶好の機会
と考えられた。

　10戦中、ハワイチームは僅か 2 勝にとどまった。その要因として、走
力の差が多少の技術の差をも凌駕してしまうと森沢は結論づけた[39]。も
ちろん、この凱旋試合において日本の課題もまた明白となった。一つは、
2 対 2 のスクリーン・プレーに対する理解と基礎技術が不足しているこ
とである。もう一つ、ディフェンスが挙げられる。 1 対 1 のディフェン
スは、アジア大会を経てレベルアップしたものの、 1 対 1 を破られた時
のディフェンスのシフトが低レベルだと指摘された。バスケットボール
の原則に忠実にプレーできていないこと、ポジショニングが悪いことな
どが要因であった[40]。

　この年は、ハワイ・オールスターズとの試合以外にも、海外のチーム
との試合が積極的に組まれていた。 7 月には、関東学生選抜メンバーが
サンフランシスコ大学と試合を行い、翌月にはフィリピン・ヒーコック
チームが来日し、試合を行った。日本とフィリピンの関係は深く、度々
交流試合を行っている。この年、初めての試みとして、日比学生交流試

合が10月と12月に行われた。10月はフィリピンの学生たちが来日し試合を行い、12月には日本の学生選抜がフィリピンに約2週間滞在し、遠征試合を行った。

　これらの海外チームとの試合は、日本代表に絶対的に不足していた国際試合の経験を補うための強化策の一環として行われた[41)42)]。ローマオリンピックを翌年に控え、着々と準備が進んでいったといえよう。

2－4．1960（昭和35）年―ローマ大会を控えて―

　1960（昭和35）年、いよいよローマオリンピックの年を迎える。オリンピックに先立ち、1月にアジア・バスケットボール連盟が発足し、同時に第1回アジアバスケットボール選手権大会が開催された。後にABC大会へと移行し、世界選手権やオリンピックの予選を兼ねて2年ごとに実施される重要な大会へと発展していく[43)]。第1回大会は日本、台湾、韓国、香港、マラヤ、インドネシア、フィリピンの7か国が参加し、日本は予選・決勝リーグ合わせて9戦して4勝5敗、フィリピン、台湾に次ぐ3位で大会を終える。

　ローマオリンピックに向けたメンバーの編成には、国際ゲームでの経験を経て、次の条件が想定されていた[44)]。

① 国際場裡の熱狂的雰囲気の中にあって、強力にして長身頑健な相手に対しなんら臆することなく正面切って自己の持つ技術を最高度発揮できる体力、気力共にたくましい土性骨のある選手。
② オリンピックともなれば長身者揃いの相手との試合であるから、技術的考慮ももちろん勘案して長身者をある程度優先した。
③ 得点の激しい奪い合いとなることは必定であるからシュート力があり、かつ基礎技術を十分身につけたボールのキープ力があり、かつ激しくプレーのできる選手。

　この観点から第1次候補メンバー23名を3月21日に決定し、26日～

４月14日まで第１次合宿を行った。５月に第２次合宿を17名で行った後、長身プレーヤー、長身中心グループ、オールラウンド・プレーヤー、リード・オブ・マン、特徴あるプレーヤーという分類を設けてメンバー選考がなされた。６月23日に決定したメンバーは表３の通りである。

長身者のプレーに対する懸念は、前年度から議論されていた。例えば、アメリカで185〜6cm は小さい方で、一番の働き手である。一方長身者を得難い日本では、この程度の身長があれば上背だけに頼ってプレーをしても成功してしまう。また、そのようなバスケットボールキャリアを積み上げてきたプレーヤーたちが多かった[45]。彼らは、長身に頼ったシュートを繰り返してきたため、巧みに相手の逆を突くことや、よいパスを返すということが出来ない。また、ディフェンスにおいても１対１で簡単にボールを持たせてしまうことや、チームメイトを長身を生かしてカバーするという動きも実に控えめである。これらのプレーの改善、長身者の働き手を養成することが国際試合での日本バスケットボール界の課題として認識されていたのである[46]。

また、それまでの日本はアメリカのバスケットボールに強く影響され、理論的かつ慎重できれいなプレーをする反面、力強さに欠けていた。シュートに持ち込むためにフォーメーションを組み合わせ、型にはまりすぎるあまり、融通性がとぼしく反射神経を生かす瞬間的なプレーが生かされていなかった[47]。これは、1957（昭和32）年に行われたマニラ商工会議所所属のヒーコック・チームが来日した際、「日本チームは余りにも機械的で乏しい。そしてセット・プレーに頼りすぎている」[48]と試合後に批評されていたことからもうかがえる。後にローマオリンピックで日本の指揮を執る前田昌保は、消極的な日本のプレーをオリンピックに備えて積極的に走る強引なプレーに切り替える必要があると考えていた[49]。

この当時、フォーメーションプレーとフリーオフェンスそれぞれの二面性について、吉井四郎は次のように言及している。

表3．ローマ五輪バスケットボール日本代表プレーヤー

氏名（年齢）	身長	体重	所属（出身大学）
監督 森沢 誠一（52）	167cm	63kg	日本スイステムエ業（早稲田大）
コーチ 前田 昌保（48）	167cm	70kg	東邦ワラパルプ（立教大）
糸山 隆司（27）	195cm	85kg	日本鋼管（東京教育大）
杉山 武雄（27）	176cm	67kg	八幡製鉄（立教大）
斎藤 博（26）	183cm	79kg	日本鉱業（立教大）
鎌田 正司（25）	180cm	75kg	日本銅管（早稲田大）
奈良 節雄（23）	175cm	68kg	日本鉱業（立教大）
金川 英雄（23）	182cm	76kg	八幡製鉄（立教大）
東海林 周太郎（25）	170cm	70kg	日本鉱業（立教大）
今泉 健一（26）	183cm	84kg	日本鉱業（明治大）
若林 薫（21）	178cm	71kg	東京教育大
大島 康邦（22）	175.1cm	70kg	立教大
志賀 政司（21）	176cm	73kg	明治大
増田 貴史（19）	183cm	75kg	慶応大

森沢誠一（1962）バスケットボール．日本体育協会編．第十七回オリンピック大会報告書．日本体育協会，pp.121-135．

「フォーメーションプレーは、そこに、協力の仕方の約束があるために、5人の総和以上の力を期待できる反面、そこに、再現しようとする方がある故に、対策をたてられ、その偉力を凌駕される可能性を持っている。フリーオフェンスは、各個人の臨機の判断によるプレーの連続であるが、そこには再現しようとする型がない。その反面、協力のしかたに約束がない。常に5人の総和以上の力を期待できないのみか、それ以下に終わる可能性さえ考えられる。」[50]

　これらの考え方は、現代のバスケットボールにおいても不変的に受け継がれているといってよい。具体的な日本代表の戦略・方針については、次節でみていくことにしたい。

3．ローマオリンピック

3－1．ローマオリンピックの方針

①．オフェンス

　オフェンス面における日本チームの最大の弱点は、システム・プレーにこだわり過ぎるあまりオフェンスに迫力がないことであった。相手の激しいディフェンスによって、計画されたプレーが出来なくなると、ただ単にアウトサイドでパスを回すだけになってしまい、成す術なく自滅してしまう[51]。

　そのため、当時の日本に存在した個人プレーをあまり歓迎しない風潮の改善が図られた。ローマオリンピックで日本代表コーチを務める前田は、海外のプレーヤーよりも背が低く重心が低い日本人の体格は、バスケットボールのように瞬間的なダッシュ、急激なストップ並びに方向転換を要する競技には好都合だと語っている[52]。日本人の敏活さを生かし、ディフェンスに鋭く仕掛けてその体勢を崩し、速度と方向に変化を与え、自分のシュートに結び付けるか、味方に有効なチャンスを提供するなど、一つ一つのプレーに目的を持たせるように指導した[53]。

　外国チームはゴール下のディフェンスが強いので、無理なゴール下への突っ込み、あるいはゴール下の混み合った状況でのシュートは避ける方針を打ち出す[54]。自分のマークマンとそのほかのディフェンスの間のスペースを利用した瞬間的なジャンプ・シュート、あるいは自分のマークを抜いた後、ヘルプに来るディフェンスを引きつけてゴール下にパスするなど、低く鋭い動きを生かす個人技の飛躍的向上に格段の努力と注意を払った[55]。

　身長差をカバーする最も有効なオフェンスは、いかなる場合でも可能な限り早い展開でディフェンスの虚をつくことだと考えられていた[56]。相手がシュートするや否や、必ず一人は相手のゴールに向かって走り、ボールを獲得したらそのプレーヤーへパスをつないでチャンスを作る練習をくり返し[57]、40分間ファストブレイクを出し続けられる気力と体力

113

の養成に努め、大会に臨んだ。

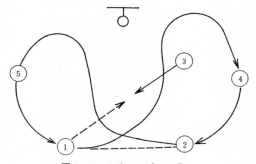

図4．2：3ポストプレー①

前田昌保（1962）バスケットボール．日本体育協会編，第17回
オリンピック大会報告書．日本体育協会，p.122.

　次にフォーメンション・プレーについて解説する。前述した通り、
ファストブレイクに重点を置いていたため、セット・オフェンスの型は
いくつか存在したものの固執しなかった。

　ツーガードポジションから、③がハイポストにフラッシュし、①より
ボールを受ける。③はシュートを狙いつつ①と②はシザースカットして
③からパスを受けてゴールを狙い、ボールを受けられずチャンスがない
場合には逆サイドへ移動する。両ウイングにいる④と⑤は、①と②のシ
ザースカットに合わせてツーガードポジションへ移動する。①と②のシ
ザースカットもしくは③のシュートチャンスを作れなかった場合は、移
動した④もしくは⑤へ③はパスをした後、繰り返し同じ動きを行う。

　このフォーメーションは、オフェンスに精彩を欠き動きが鈍った場合、
あるいはディフェンスがプレス気味に出てきたような場合に使うことに
なっていた[58]。

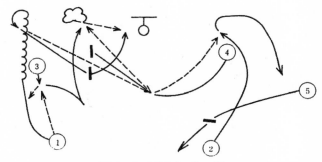

図5．2：3ポストプレー②

前田昌保（1962）バスケットボール．日本体育協会編，第17回
オリンピック大会報告書．日本体育協会，p.122.

　図5の2：3ポストプレーには、A・Bの両パターンが存在した。

　A．ボールを保持している①は③へパスした後、再度ボールを受ける
ハンドオフプレーを行い、①はアタックをねらいつつコーナーへ移動す
る。①は逆サイドからハイポストに移動した④へパス、③はスクリー
ンの後ゴールに向かって走り込み、④からパスを受けてシュートを狙う。
同時に、②は逆サイドで⑤のバックスクリーンを用いてゴール下に切り
込み、④からパスを受けてシュートを狙う。ボールが受けられなかった
場合は素早くゴールから離れ、スペースを確保する。

　B．④から③へのパスが成功したもののシュートが打てない場合、③
はドリブルで逆サイドに抜け、④はコーナーにいる①へダウンスクリー
ンを行う。①は④のスクリーンを用いてゴールへカッティングする。①
は③からのパスを受けシュートを狙う[59]。

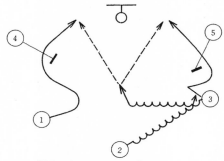

図6．3：2ローリング・オフェンス
前田昌保（1962）バスケットボール．日本体育協会編，第17回
オリンピック大会報告書．日本体育協会，p.123.

　3：2ローリング・オフェンスではボールを保持している②が③にドリ
ブルハンドオフして、ボールを受けた③はゴールへアタックを狙う。①
は、③とローリング・オフェンスを狙うと見せかけ、④のフレアスク
リーンを用いてコーナーに移動し③からパスを受けてシュートチャンス
を作る。同時にハンドオフして③にボールをパスした②は、①、④と同
様に、⑤のスクリーンを用いてフレアスクリーンをセットし、コーナー
に移動して③からパスを受けるチャンスをうかがう[60]。

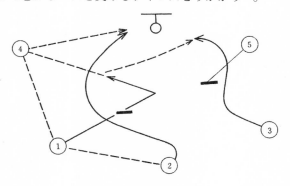

図7．3：2オフェンス
前田昌保（1962）バスケットボール．日本体育協会編，第17回
オリンピック大会報告書．日本体育協会，p.123.

　３：２オフェンスではもう１つのパターンがあった。ボールを保持している①からコーナーにいる④へパスし、①は②へスクリーンを行う。②は①のスクリーンを用いてゴールに移動して④からパスを受けゴールを狙う。②へパスできない場合、①は④からリターンパスを受ける。同時に、逆サイドにいる③に対して、⑤はバックスクリーンをセットする。③はゴール下に向かって移動し、①からパスを受けシュートを狙う[61]。

②．ディフェンス

　身長の小さい日本チームは、40分間のオールコートまたはハーフコートのプレスディフェンスを武器としていた。身長的に大きな差がある時点で、相手に自由なオフェンスをさせることは２点を献上するに等しいと考えられたためである[62]。この激しいディフェンスに耐えられる技術とスタミナの養成と並行して、12名のプレーヤーを原則的に２チームに編成した（表４参照）。

　オリンピックに向けた抱負や目標を考えるうえで、大型プレーヤーを擁する欧米勢との身長差からくる不利をいかにカバーするかが争点であった[63]。２チーム編成で臨むことは、日本の敏捷性を生かし、12名のスタミナ配分を考慮しつつ激しいプレーに終始するための合理的なシステムだと日本の指揮官は考えていた[64]。

　Ａチームは、ベテラン勢の中に最年少の増田を加えた長身チーム、Ｂチームは新進気鋭の若手チームと、対照的なチーム作りを行った。両チームの使い分けは、Ｂチームが若手の体力に物を言わせて「こま鼠」のようなオールコート・プレスで相手をかく乱した。Ａチームはゴール下を徹底的に固め、ゴール下で相手の長身プレーヤーに楽にプレーさせないことに主眼を置く小さなボックス・ゾーンを組み、外側からの確率の悪いシュートを誘発させてリバウンドを取ることを徹底し、ベテラン組に肝心なところを抑えてもらう方針を立てた[65)66)67]。

　大会直前にイタリアと２戦、ソ連と１戦の練習ゲームを行った際、試合を通してノーマルなプレーを10分間、オールコート・プレスを10分

表4．原則的な2チーム

Aチーム	Bチーム
糸山	金川
斎藤	奈良
今泉	鎌田
杉山	若林
東海林	大島
増田	志賀

前田昌保（1962）バスケットボール．日本体育協会編．第十七回オリンピック大会報告書．日本体育協会，pp.121-135.

間、ゾーン・ディフェンスを10分間とペースを変化させ、どれだけ通用するのかを確かめた。その結果、オールコート・プレスの時には張り合うものの、他のディフェンスは相手の思うがままにプレーされてしまった。この結果を重く受け止め、日本は大会直前に急遽方針を転換することになる。Aチームも同様にオールコート・プレスの練習をしていたため、ベテラン若手を問わず終始オールコート・プレスに出ることにした。ただし、疲労感からくるシュート成功率の低下に配慮して、5〜8分間でメンバーを入れ替えていくことになった[68]。

3－2．ローマオリンピックの戦況

　1960（昭和35）年8月26日〜9月8日にかけて、ローマオリンピックのバスケットボール競技が行われた。日本は全7試合を行い0勝7敗であったが、ブルガリアが準決勝以降棄権したため、16チーム中第15位で大会を終えた（表5参照）。次回の東京オリンピックに向けて弾みをつけたかった日本チームにとっては、受け入れがたい結果であった。以下では、予選リーグから順位決定戦までの全7試合の戦況を振り返る。

表5．ローマオリンピックにおける日本チームの対戦結果

ゲームの種類	対戦相手	結果	スコア
予選リーグ第1戦	ハンガリー	負	日本 66－93 ハンガリー （前半28－48　後半38－45）
予選リーグ第2戦	アメリカ	負	日本 66－125 アメリカ （前半36－65　後半30－60）
予選リーグ第3戦	イタリア	負	日本 92－100 イタリア （前半43－59　後半49－41）
順位決定戦第1戦	フランス	負	日本 63－101 フランス （前半35－39　後半28－62）
順位決定戦第2戦	メキシコ	負	日本 57－76 メキシコ （前半30－34　後半27－42）
順位決定戦第3戦	スペイン	負	日本 64－66 スペイン （前半34－32　後半30－34）
順位決定戦第4戦	プエルトリコ	負	日本 73－93 プエルトリコ （前半32－46　後半41－47）

前田昌保（1962）バスケットボール．日本体育協会編．第十七回オリンピック大会報告書．
日本体育協会，pp.121-135.

①．ハンガリー戦（予選リーグ）

　前半12分頃まで19－19と得点上では伯仲していたが、日本が苦労して
得点を重ねていくのに対しハンガリーは平均身長190.5cm の上背を生かし
てゴール下にボールを集め難なく加点していく[69]。相手の長身を意識せ
ず、思い切ってプレーしようとする気持ちとは裏腹に、身長差に圧迫さ
れて充分に実力を発揮できず、経験不足を痛感した心残りのある試合で
あった[70]。

②．アメリカ戦（予選リーグ）

　この試合は得点差が大きかったものの、日本はミドル及びロング
シュートが比較的よく決まり、内容的には善戦したといえる[71]。東海林、
杉山らをはじめ、持てる力を存分に発揮した日本のプレーヤーたちは、
身長、技術ともに世界最高峰のアメリカに対して堂々と渡り合った[72]。た
だし、アメリカは125点のうち100点をゴール下で決めている。バスケッ

トボールにおいてゴール下の優劣が勝敗を左右するといわれるが、その見本をまざまざと見せつけられた試合である[73]。

　この試合に出場した斉藤は、アメリカの強さをオフェンスよりもディフェンスにあると語った。オフェンスでのコンビネーション同様、ディフェンスでのコンビネーションが非常によくチームディフェンスが完成されていた。アメリカは大会を通して、60点台のゲームを展開していてダブルスコアや100点ゲームは稀であった[74]。

③. イタリア戦（予選リーグ）

　若手とベテランプレーヤーを交互に起用して、40分間激しいオールコート・プレスを敢行し、オフェンスも終始ファストブレイクで攻め立てた。後半に入りイタリアが疲労からパスミス、シュートミスを連発し、日本がファストブレイクで漸次挽回、4ゴール差まで迫る熱戦を展開したが、勝利を得るには至らなかった[75]。

　イタリア戦は、地元観衆のイタリアコールによって、レフリーの笛が聞こえなくなることが度々あったという[76]。このような状況下で試合に出場した杉山は、終始オールコート・プレスで敗れはしたものの最後まで苦しめたという実感を持ち、ディフェンスを工夫して強化することで今後に希望が持てると回想している[77]。

④. フランス戦（下位順位決定戦）

　前半、日本の激しいディフェンスにフランスは翻弄され35-39と対等なゲームを展開した。後半、プレスに慣れたフランスがハイペースの縦のファストブレイクで得点を稼ぐと、疲れが見え始めた日本は204cmの長身センター、ブーノットのゴール下の活躍を許し、点差が開いてしまった。一線を破るための鋭いプレーに欠けていたことが後半失速した原因であり、疲労から相手のゴール下を封じられなかったことも大敗の原因となった[78]。

図8．ローマオリンピックのアメリカ戦
日本体育協会編（1962）第17回オリンピック大会報告書．日本体育協会．

⑤．メキシコ戦（下位順位決定戦）

　ローマオリンピックで日本が戦った下位順位決定戦の大半が、前半同等以上の戦いをするものの、後半相手がプレス戦法に慣れたところで日本の弱点を突かれ、さらには日本のシュート精度が落ちていく傾向にあったが[79]、この試合も後半で突き放されてしまった。ゴール下で押し出され、抑えることが出来なかったことが敗因であるが、大きいプレーヤーを生かす原動力となり、自らもドライブで割って極めて早いタイミングでシュートを決める、170cm のヘレラの鋭い地に足のついた感覚的なプレーは図抜けた技術を示し、日本人の真似るべきところである[80]。

⑥．スペイン戦（下位順位決定戦）

　スペインは戦後まもなく来日したハワイ・オールスターズを彷彿とさせる極めて優れた技術とスピードを持ったチームであった[81]。しかし、度重なる試合による疲労感と身長に恵まれないことからここまで全敗で、

日本との最下位決定戦に回ることとなったのである。日本は終始リードしていたが、ゴール下のシュート数が決め手となり、1ゴール差で惜敗した。この試合の後半開始直後、金川が相手プレーヤーと衝突し、膝の皿にひびが入り退場したことも戦力的に影響したが[82]、「スペイン戦では勝てる機会がありながら敗れた。」と杉山は回想した[83]。

⑦.　プエルトリコ戦（下位順位決定戦）

　プエルトリコはむらが多く、本来ならば5位以内に入れる実力があったと森沢は評している[84]。日本は、プエルトリコのリードオフマンであるバイセンズの活躍と、2mのクルースのポストプレーを止めることができなかった。金川欠場のため、11人で試合に臨み、東海林が今大会日本チーム内最多16点を挙げる活躍をするも1度もリードすることなく試合を終えた。

　以上のように、日本はローマオリンピックを1勝もすることなく全日程を終えた。取り組んできたオールコート・プレスディフェンスによって前半を対等に展開するものの後半にかけて攻略されてしまい、さらには疲労が重なりゴール下を思う様にやられてしまった展開が多かった。不運な組み合わせだったとの見解もあるが[85]、メルボルン以来のヨーロッパ諸国の急速な進歩を知らなかったことを痛感した大会であった[86]。

　こうして、バスケットボール日本代表の3度目のオリンピックは幕を閉じた。

【注】
注1）1957（昭和33）年7月12日より14日まで，東京明大和泉体育館で，関東地区の一流プレーヤーを集め，夏の合宿およびシーズンに入る前に，何らかの技術目標をプレーヤーにしっかり摑んで貰うことを目的としたアジア大会選手強化講習会を開催した。また関西地区の一流プレーヤーに対しては，同年12月19日，大阪府立体育館において，同じく強化講習会を開催した。1958（昭和34）年1月9日，日本バスケットボール協会代議員会において，正式にアジア大会選手

　　団選考を理事会に一任された。（森沢誠一（1959）バスケットボール．財団法人
　　日本体育協会編，第3回アジア競技大会報告書．日本体育協会，p.70.）
注2）バスケットボールは，攻防においてゴールにボールを入れ合うスポーツである。
　　しかし，一方では，パスやドリブルをして相手チームにボールを渡さないよう
　　にすることがやさしい競技なので，得点をリードしたチームが勝つためにこれ
　　を作戦とすることが出来る。これをストーリングと呼ぶ。（日本バスケットボー
　　ル協会広報部会（1981）競技規則の変遷．日本バスケットボール協会編，バス
　　ケットボールの歩み：日本バスケットボール協会50年史．日本バスケットボー
　　ル協会，p.293.）

【文献】

1）前田昌保（1958）バスケットボール．日本体育協会編，第16回オリンピアード
　　大会報告書．日本体育協会，p.104.
2）前田昌保（1957）オリンピック大会報告書．バスケットボール，29：13.
3）前田昌保（1958）バスケットボール．日本体育協会編，第16回オリンピアード
　　大会報告書．日本体育協会，pp.104-105.
4）前田昌保（1957）オリンピック大会報告書．バスケットボール，29：13.
5）大庭哲夫，前田昌保，糸山隆司，藤田学，紺野仁，斎藤博，登坂哲朗，今泉健一，
　　大平礼三，奈良節雄，植田義己，鹿子木健日一子，畑龍雄，牧山圭秀，吉井四
　　郎，森沢誠一（1957）檜舞台は何を語ったか－オリンピック報告会－．バスケッ
　　トボール，29：19.
6）前田昌保（1958）バスケットボール．日本体育協会編，第16回オリンピアード
　　大会報告書．日本体育協会，p.104.
7）大庭哲夫，前田昌保，糸山隆司，藤田学，紺野仁，斎藤博，登坂哲朗，今泉健一，
　　大平礼三，奈良節雄，植田義己，鹿子木健日一子，畑龍雄，牧山圭秀，吉井四
　　郎，森沢誠一（1957）檜舞台は何を語ったか―オリンピック報告会－．バスケッ
　　トボール，29：19.
8）同上書．
9）前田昌保（1957）オリンピック大会報告書．バスケットボール，29：13.
10）森沢誠一（1957）ローマへの道を―報告会に出席して―，目標をより高く．バ
　　スケットボール，29：29.
11）大庭哲夫，前田昌保，糸山隆司，藤田学，紺野仁，斎藤博，登坂哲朗，今泉健一，
　　大平礼三，奈良節雄，植田義己，鹿子木健日一子，畑龍雄，牧山圭秀，吉井四
　　郎，森沢誠一（1957）檜舞台は何を語ったか―オリンピック報告会―．バスケッ
　　トボール，29：24.
12）森沢誠一（1957）ローマへの道を―報告会に出席して―，目標をより高く．バ
　　スケットボール，29：29-30.
13）同上書：30.
14）植田義己，森沢誠一，畑龍雄，吉井四郎，大室富弥，鈴木正三，木村恭平
　　（1981）座談会－アジア競技大会・東京大会．日本バスケットボール協会編，バ

スケットボールの歩み：日本バスケットボール協会50年史．日本バスケット
ボール協会，p.149.

15）同上書：149.

16）AG会（1958）アジア大会への歩み，アジア大会選手強化委員会の論議したもの．
バスケットボール，32：2-7.

17）畑龍雄（1957）コーチの集まり1．バスケットボール，32：24

18）大庭哲夫（1958）アメリカのバスケットを視察して．バスケットボール，33：
18-19.

19）編集委員会（1957）コーチの集まり2．バスケットボール，32：26.

20）編集委員会（1958）ナット・ホールマンのバスケットボール．バスケットボー
ル36：28.

21）編集委員会（1981）外人コーチ，ナット・ホルマン．日本バスケットボール協
会編，バスケットボールの歩み：日本バスケットボール協会50年史．日本バス
ケットボール協会，p.158.

22）吉井四郎（1987）バスケットボール指導全書3．大修館書店．pp.115-116.

23）森沢誠一（1959）バスケットボール．財団法人日本体育協会編，第3回アジア
競技大会報告書．日本体育協会，p.72.

24）AGチーム（1958）アジア大会への歩み—アジア大会選手強化練習記録から—．
バスケットボール，34：4-9.

25）同上書：7.

26）植田義己，糸山隆司，青木潔，斉藤博，奈良節夫，今泉健一，金川英雄，東海
林周太郎，川本礼治郎（1958）座談会—アジア大会選手を囲んで—．バスケッ
トボール，35：40.

27）日本バスケットボール協会（1958）日本協会特報—空中ドリブルについて．バ
スケットボール，35：64.

28）植田義己，糸山隆司，青木潔，斉藤博，奈良節夫，今泉健一，金川英雄，東海
林周太郎，川本礼治郎（1958）座談会—アジア大会選手を囲んで—．バスケッ
トボール，35：41.

29）日本バスケットボール協会（1958）日本協会特報—空中ドリブルについて．バ
スケットボール，35：64.

30）森沢誠一（1959）バスケットボール．財団法人日本体育協会編，第3回アジア
競技大会報告書．日本体育協会，p.74.

31）植田義己，糸山隆司，青木潔，斉藤博，奈良節夫，今泉健一，金川英雄，東海
林周太郎，川本礼治郎（1958）座談会—アジア大会選手を囲んで—．バスケッ
トボール，35：41

32）森沢誠一（1959）競技記録，バスケットボール．財団法人日本体育協会編，第3
回アジア競技大会報告書．日本体育協会，pp.348-349.

33）植田義己，森沢誠一，畑龍雄，吉井四郎，大室富弥，鈴木正三，木村恭平
（1981）座談会－アジア競技大会・東京大会．日本バスケットボール協会編，バ
スケットボールの歩み：日本バスケットボール協会50年史．日本バスケット

ボール協会，pp.150-151.

34）畑敬（1959）本年度の展望，豊富な国際試合―オリンピックへの準備進む．バレーボール＆バスケットボール，1（1）：54.

35）前田昌保（1962）バスケットボール．日本体育協会編，第17回オリンピック大会報告書．日本体育協会，p.121.

36）日本バスケットボール協会広報部会（1981）競技規則の変遷．日本バスケットボール協会編，バスケットボールの歩み：日本バスケットボール協会50年史．日本バスケットボール協会，p.293.

37）武山栄雄（1959）これからのバスケット，10名によるセット・プレーの完成．バレーボール＆バスケットボール，1（4）：43-44

38）森沢誠一（1959）ハワイチーム雑感．バスケットボール，39：2.

39）同上書：3.

40）同上書：3-4.

41）大庭哲夫（1959）バスケットボール界にのぞむ．バレーボール＆バスケットボール，1（1）：43

42）武山栄雄（1959）これからのバスケット，10名によるセット・プレーの完成．バレーボール＆バスケットボール，1（4）：43-44

43）日本バスケットボール協会広報部会（1981）アジア・バスケットボール連盟．日本バスケットボール協会編，バスケットボールの歩み：日本バスケットボール協会50年史．日本協会，p.138.

44）前田昌保（1962）バスケットボール．日本体育協会編，第17回オリンピック大会報告書．日本体育協会，p.121.

45）畑龍雄（1959）これからのバスケット，改善を要する長身者のプレー．バレーボール＆バスケットボール，1（4）：44-45.

46）同上書：44-45.

47）前田昌保（1959）これからのバスケット，積極的なプレーへの移行．バレーボール＆バスケットボール，1（4）：45

48）日本バスケットボール協会広報部会（1981）日比親善大会 -．日本バスケットボール協会編，バスケットボールの歩み：日本バスケットボール協会50年史．日本バスケットボール協会，p.146.

49）前田昌保（1959）これからのバスケット，積極的なプレーへの移行．バレーボール＆バスケットボール，1（4）：45

50）吉井四郎（1959）これからのバスケット，基礎技術の再検討．バレーボール＆バスケットボール，1（4）：46-47.

51）前田昌保（1962）バスケットボール．日本体育協会編，第17回オリンピック大会報告書．日本体育協会，p.122.

52）前田昌保（1960）東京オリンピックに備えて―技術指導者研究会．バスケットボール，42．14-17.

53）前田昌保（1962）バスケットボール．日本体育協会編，第17回オリンピック大会報告書．日本体育協会，p.122.

54) 同上書：p.122.

55) 前田昌保（1960）東京オリンピックに備えて―技術指導者研究会．バスケットボール，42．14-17.

56) 前田昌保（1962）バスケットボール．日本体育協会編，第17回オリンピック大会報告書．日本体育協会，p.122.

57) 編集委員会（1960）合宿所訪問―オリンピック選手団．バスケットボール，44．11-15.

58) 前田昌保（1962）バスケットボール．日本体育協会編，第17回オリンピック大会報告書．日本体育協会，p.122.

59) 同上書：p.122-123.

60) 同上書：p.123.

61) 同上書：p.123.

62) 同上書：p123.

63) 森沢誠一，前田昌保，斉藤博，今泉健一，奈良節雄，植田義己（1961）ローマ・オリンピックを顧みて．バスケットボール，47．19.

64) 前田昌保（1962）バスケットボール．日本体育協会編，第17回オリンピック大会報告書．日本体育協会，p.123.

65) 編集委員会（1960）合宿所訪問―オリンピック選手団．バスケットボール，44．12.

66) 森沢誠一，前田昌保，斉藤博，今泉健一，奈良節雄，植田義己（1961）ローマ・オリンピックを顧みて．バスケットボール，47．20.

67) 前田昌保（1962）バスケットボール．日本体育協会編，第17回オリンピック大会報告書．日本体育協会，p.123.

68) 森沢誠一，前田昌保，斉藤博，今泉健一，奈良節雄，植田義己（1961）ローマ・オリンピックを顧みて．バスケットボール，47．20.

69) 前田昌保（1962）バスケットボール．日本体育協会編，第17回オリンピック大会報告書．日本体育協会，p.126.

70) 森沢誠一（1961）ローマオリンピック帰国挨拶．バスケットボール，47．3.

71) 前田昌保（1962）バスケットボール．日本体育協会編，第17回オリンピック大会報告書．日本体育協会，p.127.

72) 森沢誠一（1960）ローマ・オリンピック競技大会に参加して．体協時報，96．54.

73) 前田昌保（1962）バスケットボール．日本体育協会編，第17回オリンピック大会報告書．日本体育協会，p.127.

74) 森沢誠一，前田昌保，斉藤博，今泉健一，奈良節雄，植田義己（1961）ローマ・オリンピックを顧みて．バスケットボール，47．21-22.

75) 前田昌保（1962）バスケットボール．日本体育協会編，第17回オリンピック大会報告書．日本体育協会，p.127.

76) 植田義己（1961）ローマオリンピック雑感．バスケットボール，47．26-29.

77) 杉山武雄（1961）ローマオリンピックに参加して．バスケットボール，47．15-

16.

78）前田昌保（1962）バスケットボール．日本体育協会編，第17回オリンピック大会報告書．日本体育協会，p.128.

79）森沢誠一（1960）ローマ・オリンピック競技大会に参加して．体協時報，96. 55.

80）前田昌保（1962）バスケットボール．日本体育協会編，第17回オリンピック大会報告書．日本体育協会，p.128.

81）岡田実，山内俊彦（1960）対談‐ローマオリンピックを見て．バスケットボール，45. 18.

82）前田昌保（1962）バスケットボール．日本体育協会編，第17回オリンピック大会報告書．日本体育協会，p.128-129.

83）杉山武雄（1961）ローマオリンピックに参加して．バスケットボール，47. 15-16.

84）森沢誠一（1961）ローマオリンピック帰国挨拶．バスケットボール，47. 3.

85）森沢誠一（1960）ローマ・オリンピック競技大会に参加して．体協時報，96. 55.

86）植田義己（1961）ローマオリンピック雑感．バスケットボール，47. 26-29.

第5章

東京オリンピックにおける
日本のバスケットボール

（執筆責任者：谷釜　尋徳）

　1960（昭和35）年のローマオリンピックに出場したバスケットボール日本代表は、16チーム中15位という惨敗を喫し、4年後の自国開催のオリンピックに向けて抜本的な改革を余儀なくされた。そこで、東京オリンピックの監督として白羽の矢が立ったのが吉井四郎である。この時吉井は、「バスケットボールの神」の存在を強く信じて代表監督のオファーを引き受ける決意を固めたという[1]。

　以下、本章では、吉井四郎を中心人物として、1964（昭和39）年に開催された東京オリンピックに向けたバスケットボール日本代表チームの足跡を振り返っていきたい。

1. ローマオリンピックの敗因と東京オリンピックに向けた課題

1-1. チーム関係者が語る敗因と課題

　ローマオリンピックで日本の指揮を執っていた前田昌保は、オリンピックの敗因を様々な角度から分析した結果、やはり決定的な原因は身長差や体格差にあったと振り返っている[2]。また、前田は座談会の席でも、「やはりバスケットは身長だ、ということを7回の試合を通じてつくづく感じたわけです。」[3]と回顧し、敗因は身長差にあったと強調した。

　ローマオリンピックでは長身選手が活躍したため、日本が欧米の大型チームから受けたインパクトは強烈だった。ローマオリンピックの日本代

129

表チームと対戦チームとの平均身長の差異を示したものが表1である。ポジションも考慮する必要はあるが、平均の身長差はマイナス10cm程度、最長身のアメリカと比べると16.5cmもの開きが生じていた。前田が圧倒的な身長差を前にカルチャーショックを受けたのも無理はない。

表1. ローマ五輪における日本と対戦チームの平均身長の差異

日本の平均身長	対戦相手／平均身長	平均身長の差異
179.5cm	ハンガリー／190.5cm	−11.0cm
	アメリカ／196.0cm	−16.5cm
	イタリア／191.9cm	−12.4cm
	フランス／190.9cm	−11.4cm
	メキシコ／188.3cm	−8.8cm
	スペイン／183.0cm	−3.5cm
	プエルトリコ／188.4cm	−8.9cm

吉井四郎（1962）オリンピック代表チームの対戦記録より探る. バスケットボール, 47：41-42.

　しかし、日本の敗因を身長以外の要素に求めようとする者もいた。ローマオリンピックで監督を務めた森沢誠一は、最大の敗因は「我々の長身者の技術に対する認識不足にあった」[4]と指摘する。森沢が目の当たりにした「長身者の技術」とは、短身者と同様にオールラウンドのプレーができることと、長身の有利を生かしたプレーを持つことだった。プレーの具体像として、①手を上にのばした最高点からシュートできる、②ランニングシュートの際はダンクシュートに持ち込める、③オフェンスリバウンドではね返ったボールをリング上の高さでタップしてゴールできる、④大きな歩幅を利用してフルスピードでドライブができる、⑤ベースライン沿いにドリブルしてゴールの反対側からリバースダンクシュートができる、⑥アウトサイドから走り込んできてアリウープのダンクシュートができる、といった点を観察している[5]。今日ではさほど驚くべき技術ではないが、この時点での日本人の目には思いもよらぬプレーに映ったようである。

　また、協会関係者として帯同していた植田義己は「背が高いから負けたのではない、大きくてうまかったのだ。これにもまして大きい敗戦の理由は、アメリカは別としても、メルボルン以来のヨーロッパ諸国の急

速な進歩を知らなかったと云う事である。」[6]と言及し、森沢と同じく最
大の敗因を身長差ではなく、欧米の長身者の技術に対する日本人の認識
不足に求めた。

　彼らチーム関係者の証言によれば、ローマオリンピックにおいて身長
差や体格差は確かに大きな敗因ではあったが、それよりも日本と欧米の
間に生じていた長身選手の技術レベルの差異が問題だったといわなけれ
ばならない。

　実際にローマオリンピックでプレーした日本人は、帰国後に欧米勢と
の技術レベルの乖離を語っている。例えば、斉藤博が「日本のドリブル
は、どちらかというとボールを落とすといった感じがするが、向うの選
手のは、とにかくドリブルのスピードがすごい。日本の様にむだなドリ
ブルも少ない。」[7]と回顧し、杉山武雄が「シュートについても今迄は日
本人は相当高い水準にあると云われていたが決して日本の選手がそれ程
高い水準にあるとは思わない。」[8]との体験談を残した。

　ローマオリンピックの苦い経験を踏まえて、来る東京オリンピックの
方向性も浮き彫りになった。前田昌保は日本代表チームには少なくとも
190cm 以上のプレーヤーが３人必要で、彼らに長身を生かしたリング上
のリバウンドプレーを習得させなければならないとの展望を語り[9]、東
京オリンピックに向けて代表チームの大型化に意欲を示した。また、
ローマオリンピックに視察員として派遣されていた太田裕祥も、現地で
の戦況を踏まえて、やはり190cm 台の長身プレーヤーが世界標準の技
術を身につけることが東京オリンピックにおける日本の躍進のために必
要だと睨んでいた[10]。

　このように、ローマオリンピックが終わった時点での日本の主要な課
題は、代表チームの大型化と長身プレーヤーの技術水準の向上だと考え
られていたのである。

１－２．吉井四郎が読み解いた日本の課題

　ローマオリンピック閉幕後、日本代表の関係者を中心に大会の報告が

行なわれ、この時点で欧米と日本との間に生じていた身長差や技術水準の差が詳しく語られた。しかし、これを鵜呑みにせず、別のアプローチでローマオリンピックの実相に迫ろうとした人物がいた。東京オリンピックで日本代表チームの監督を務める吉井四郎である。

　吉井は、ローマオリンピックのチーム関係者による参加報告を貴重な情報源と認めながらも、彼らの報告は、オリンピック本番で国際レベルの衝撃を受けたために印象づけられたもので、ゲームの実情がそのまま伝えられていないのではないかとの疑念を抱いた[11]。そこで、吉井が拠り所としたのが、日本が行った計7試合のスコアである。

　スコアを分析した結果、吉井はローマオリンピックの真の敗因は、フィールドゴール成功率の低さに求められると断定した[12]。その上で吉井は、シュート成功率が高いゴールに近いエリアで、相手の長身選手から受ける影響を回避してシュートできるフォーメーションプレーを持つことが、日本が国際大会でフィールドゴールの試投数と成功率を高める唯一の方策であると説いている[13]。

　こうした、日本の伸び代としてのフォーメーションプレーを希求する吉井の考え方は、後に東京オリンピックのチーム強化へと繋がっていった。

2．東京オリンピックに向けた強化の実際

2−1．1960（昭和35）～1961（昭和36）年の強化活動

　1960（昭和35）年、吉井四郎が日本代表監督に就任すると、東京オリンピックで勝つための国際的な視野に立った強化策の構築が試みられた。吉井が最初に取り組んだのが、前述したローマオリンピックのスコア分析であった。

　後に吉井は、東京オリンピックに向けて当初立案された強化策は「チームの大型化」「大型選手のコンバート」「大型新人の育成」「反撃を喰わないプレスディフェンス法の研究と習得」「相手の長いリーチに対しても、よりよい野投成功率をあげ得る攻撃法の研究と習得」「基礎体

力の増強と、技術の熟練」だったと振り返る[14]。ただし、吉井が理想とする大型化とは、チーム全体の平均身長が高くなることではなく、センタープレーヤーの平均身長が体重の増加を伴って上昇することを意味していた[15]。

　1960（昭和35）年12月、元ニューヨーク市立大学コーチのナット・ホルマンが来日し、日本の高校生向けの講習会を開催した。この時、全国各地からプレーヤー60名、コーチ34名が集結している[16]。講習会の期間中、ホルマンと接する機会を得た吉井は、チーム作りの先決事項として最終的な目標点を設定する必要があること、プレーヤーの瞬時の状況判断は練習によって習得可能であることを実感したという[17]。

　1961（昭和36）年8月、日本はブルガリアで開催されたユニバーシアード大会に参加し（結果は11位）、その後のヨーロッパ遠征ではフランスに2勝0敗、イタリアに0勝1敗という成績で帰国している。大会と遠征を通して、吉井がローマオリンピックのスコア分析から導き出した大型チーム対策が試みられた[18]。

　その後、11月8日から2ヵ月間、代表チーム編成の準備段階として、吉井四郎と斉藤博は視察目的で渡米した。吉井は、アメリカにあって日本にない個人技術は、ゴールに直接ボールを叩き込むダンクシュートのみだと報告している[19]。一方で、チーム戦術の面では、シャッフルオフェンス、カーテンプレー、フレアースクリーン、ブラインドカットなど、当時の日本には浸透していなかったアメリカの最新動向を確認した。この見聞を通して吉井は、オフェンスプレーヤー同士が互いに邪魔しないような工夫がなされれば、強固なディフェンスを打ち破る攻撃法を生み出せるという感触を得ている[20]。吉井の唯一の心残りは、日本の課題だった長身プレーヤー育成のヒントになるような光景を、アメリカ視察の間に目の当たりにする機会に恵まれなかったことである[21]。

　アメリカ視察の大きな収穫は、ローマオリンピックでアメリカ代表監督を務めたピート・ニューエルとの出会いだった。ニューエルの指導を約1週間見学し、そのバスケットボール観に大いに共鳴した吉井は、滞

在中はニューエルの自宅を何度も訪れ、バスケットボール談議を繰り返している[22]。これをきっかけに、ニューエルは日本代表チームと親密な関係を築き、東京オリンピックに向けた日本の強化にも手を貸すようになる。

　実は、吉井のアメリカ視察に先立って、ローマオリンピックの際に日本バスケットボール協会の植田義巳がニューエルと接触していた[23]。ニューエルと吉井の出会い、さらには日本代表コーチとしての招聘の裏側には、当時国際バスケットボール連盟の理事にも名を連ねていた植田の働きかけがあったのである。

　この時、吉井が見たニューエルのバスケットボールとは、フォーメーションプレーの反復だった。当時、ニューエルはバスケットボールの勝敗を左右する要因としてミスプレーが最も影響が大きいと考えていて、ミスが起こりやすい速攻よりも、フォーメーションプレーを中心に攻撃を構成していたという[24]。こうしたニューエルの考え方を吉井が踏襲することで、東京オリンピックの攻撃法の輪郭が形成されていく。また、「ディフェンスの神様」と称されていたニューエルからは、互いに協力し合う防御法の仕組みと、その完成に必要不可欠な「声」の重要性を学んだ[25]。

　ニューエルは長身プレーヤーが攻防両面でゲームを席巻していた時代に、アメリカの大学界で活躍したコーチである。アメリカ代表監督として指揮を執ったローマオリンピックでは、218cmのクレーミンを擁するソ連の高さをプレスディフェンスで封じ込めた経験を持つ[26][27][28]。来る東京オリンピックに向けて海外チームの高さの克服を命題とする日本が教えを乞うには、ニューエルは最適な人物だった。後年吉井は、東京オリンピックの成功はニューエルの尽力によるところが大きいとし、日本バスケットボール界にとって「最大の恩人」と評している[29]。

2−2．1962（昭和37）年の強化活動

　1962（昭和37）年、日本代表候補を3月に招集して強化練習を行い、

４月に当該年度の代表メンバーを決定、以降11月20日までこのチームで強化練習を実行した。東京オリンピックを見据えた代表チームの創生期には、プレーヤーの胸中に誤ったエリート意識があり、必ずしも好ましい練習態度ではなかったという[30]。そのため、この時期の吉井はチームの気風刷新を図り、日本代表のプレーヤーがバスケットボールに自分の全生活を投入するように生活指導をしたと回顧している[31]。

　同年１月20〜28日にかけて、ハワイからパンサーズというチームが来日し、日本代表とゲームを行った。この時、パンサーズのコーチだったケレイは、日本の欠点を３つ指摘している。１つ目は、スピーディで巧みなシュート技術を持ちスクリーンも多用できる日本のプレーヤーたちが、どういうわけかゴール下の攻撃に固執し過ぎるという点だった[32]。ケレイの指摘を換言すれば、日本は吉井が導いた課題に沿って、ゴール付近でシュートするための有効な攻撃法の構築に取り組んでいたことがうかがえよう。

　２つ目の欠点は、長身者の技術力不足である。日本の長身プレーヤーがゴール下でゴールに正対してシュートする様子を見たケレイは、ブロックショットを回避するために、当時アメリカでは必須の技術となっていたフックシュートの習得を推奨している[33]。長身プレーヤーの技術水準の向上という課題はすでにローマオリンピックで浮き彫りになっていたが、この時点では大幅な改善はなされていなかったと見なければならない。

　３つ目は、日本の長身プレーヤーがフィジカル面で弱く、身体の幅がないことだった。ケレイは日本のセンター陣のトレーニング不足を指摘し「たくましくない選手は実戦に不要である。」[34]と苦言を呈している。

　同年、アメリカのキリスト教系大学の選抜チームであるベンチャーフォービクトリー（以下「V.F.V.」と略す）が来日し、６月21〜23日にかけて日本代表チームと対戦した。V.F.V.は1953（昭和28）年と1955（昭和30）年にも来日しているが、過去対戦した日本のチームは軒並み敗退していた[35]。しかし、この時の日本代表チームはV.F.V.との対戦の歴

史上ではじめての勝星を挙げ、シリーズを1勝2敗で終える。

この年、日本はジャカルタで開催されたアジア大会に参加し、7勝1敗で10チーム中2位という成績を収めた。しかし、アジア大会を経て、吉井は既成の大型プレーヤーのポジションコンバートには限界があると痛感し、大型新人の育成によってチームを大型化する方針への転換を決意したという[36]。

アジア大会に向けて、日本代表チームは5ヵ月間で130回を超える練習をこなした。しかし、前述したチーム創生期の問題もあり、「まとまったチーム」を作るまでには至らなかったという[37]。だからといって、チームの方向性そのものは間違っていなかった。当時、吉井が「現在努力している方向にのみ、日本の勝利につながる道があり、ただ、それへの道が、より遠く、よりけわしいということが発見された」[38]と報告したように、アジア大会を通して強化の道筋はより明確になったといえよう。

アジア大会の閉幕後、日本体育協会は東京オリンピックに向けた強化の進捗状況を把握するために、各競技団体に向けて調査を実施した。当時、日本体育協会オリンピック選手強化対策副本部長だった大島鎌吉は、この年を東京オリンピックを見据えた強化推進において「重要な年」と位置付けていた[39]。バスケットボール競技の自己評価は、表2のように

表2．1962（昭和37）年度の目標に対するバスケットボール日本代表の自己評価
　　　（9月5日までの中間報告）

質問項目	回答
Ⅰ．1962年度の目標が9月5日までにどの程度到達されたか	約半分到達した
Ⅱ．第4回アジア大会について、その成績をどのように評価しているか	中程度
Ⅲ．世界選手権、その他の国際競技の成績をどのように評価しているか	12月に開催
Ⅳ．東京大会への選手強化の方針をどのように進めるか	従来通りの方針で進む
Ⅴ．現在までの選手強化の現状からおして年度別目標を修正する必要があるか	必要ない

大島鎌吉（1962）選手強化のステップ：アジア競技大会．東京オリンピック，12：4．

136

図1．アジア競技大会の日本対マラヤ戦
日本体育協会編（1966）第4回アジア競技大会報告書．日本体育協会．

整理することができる。当初想定されていた強化策に大幅な修正は必要ないと判断されていたことがわかる。

　同年11月の日本体育協会主催のコーチ会議で、日本バスケットボール協会の関口荘次が当該年度の強化活動について報告している。この中で示されたのは、編成された日本代表チームのメンバーで常時継続して活動ができたことによるプラスの側面だった。それまでは、国際大会の直前にメンバーを招集して短期間でチーム作りをしていたため、当初は母体チーム（企業・大学）との調整に課題を残しつつも、協会はこうした継続的な体制による強化活動に手応えを感じていた[40]。日本バスケットボール協会は一丸となって、代表チームの強化に適した環境を整えていったのである。

　この年、日本バスケットボール協会内にトレーニングドクターの制度が発足し、これを任されたのが、内科医でありながらバスケットボールの審判活動もしていた古川幸慶だった。プレーヤーの身長は人為的には伸ばせないという前提のもと、大型選手を集めて「なんらかの方法によって体重をふやし、力強いバスケットをやる方向にもってゆきたい」[41]と考えたところから、古川の代表チームへのトレーニング処方がはじまった。日本のバスケットボール界が欧米由来のフィジカルトレーニングに本格的に興味を持つようになったのは、この頃だったといえよう[注1]。

2－3．1963（昭和38）年の強化活動

　オリンピックを翌年に控えたこの年は、日本代表候補32名が1月に招集され、以降、メンバーの怪我や有望新人の台頭による若干の入れ換えを含んで年末まで継続的に強化練習が行われた。角田勝次（195cm）、小玉晃（196cm）、諸山文彦（186cm）、江川嘉孝（185cm）などの大型プレーヤーが新たに代表入りしている。

　3月末、アメリカから新人育成や基礎技術指導に定評のあるマリオン・クローリーを招聘し、日本代表に対する指導が行われた。また、同年7月にはピート・ニューエルを招き、主にディフェンス面の指導を受

けている。ニューエルの練習は2時間以上に及ぶことは珍しく、全体練習後のシューティングも短時間だった[42]。ただし、この2時間の中にはウォームアップは含まれていない。ウォームアップは練習前に済ませてくる前提のもとに練習がはじまり、その後はフリースローなどで一息つける時間は一切なかったという[43]。ディフェンスの練習として、ハンズアップやステップワークなどファンダメンタルのドリルが徹底的に行われ、連携を図るためにコミュニケーションの重要性が繰り返し説かれた。また、3メンの練習では常にボールや味方を視野に入れながら全速力でプレーすることが要求され、ミス（パスミス、キャッチミス、シュートミス、ボールを床に落とす）が起こると最初からやり直しを命じられたという[44]。代表メンバーの間では、親しみを込めて「リピート・ニューエル」というニックネームが生まれたほどである[45]。

　強化対策副委員長の鹿子木健日子は、外国人コーチの招聘に踏み切った理由として、日本人のみで構成された従来の指導体制に限界を感じ「バスケットボール競技の育った土壌の違いからくる、われわれの感じていない何かをつかみ取ろうとするねらいから企図して試みたものである。」[46]と記述している。

　実際に、外国人コーチが来日した際には、吉井は練習のすべてを彼らに任せていた。しかし、代表チームのプレーヤーは彼らの指導をそのまま吸収していたわけではない。吉井は後に、外国人コーチの技術指導が効果を発揮するのは、それを日本人的感覚で解釈してプレーヤーに教え直した後のことだと言及した[47]。当時日本代表だった中村邦彦は「ピート氏と吉井さんの、技術的な話し合いや考え方のぶつかり合いは我々も目の当たりにしました。」[48]と回顧する。ニューエルをはじめとする外国人コーチの指導は、監督である吉井の「日本人的感覚」による解釈を介してプレーヤーに伝えられていたのである。こうして、当時の日本代表メンバーの実情に適ったバスケットボールが構築されていった。

　5月、日本はブラジルで開催された世界選手権に参加するが、13チーム中最下位だった。引き続いて実施された中南米遠征では、対ウルグア

イ 2 勝 1 敗、対チリ 1 勝 1 敗、対ペルー 0 勝 2 敗、対メキシコ 1 勝 1 敗、対 プエルトリコ 0 勝 1 敗で終える。しかしながら、吉井は海外の強豪との実力差を痛感しながらも、基本的な強化の方向性に誤りはないことを改めて確認した[49]。潜在能力を秘めた若手の長身プレーヤーたちが台頭しはじめたのは、この遠征中だったという[50]。

　日本の戦いぶりを見ていた鹿子木も、積極的なディフェンスの追求やミスの少ない攻撃システムの構築などに対して、この段階での方向性に大幅な修正は必要ないと判断している。その上で、日本代表チームに望まれる点として、攻撃時の臨機応変なフロアバランスの検討、シュートしたプレーヤーがそのままリバウンドに入る技術の習得、ジャンプシュートの技術の習得、シュートセレクションの改善などを掲げた[51]。鹿子木は、欧米チームとの実力差について「（欧米チームは―引用者注）大きいが故に強いのではなく、バスケットボールのチームプレーというものを、理にかなって正確にマスターしている点において、わがチームとの間に大きな開きがあったことを認めざるを得ない。」[52]と理解していたために、上記のような技術・戦術面の改善を要求したのだろう。

　10 月には東京で国際スポーツ大会（プレオリンピック）が開催されている。ブラジル代表チームを招いた今大会は 7 戦全敗に終わるが、「ゲーム運びのテンポ」が相手に負けないために重要だということが発見された[53]。日本は速攻を主な戦術として臨んだが、ブラジルに幾度となくカウンターを出される結果となり、吉井は「小さいから速攻でやれるというのはだめだと確信した。」[54]と後に回想している。ゲームテンポの問題は東京オリンピック本番でも勝敗を決する重要なポイントとなるため、この大会で得た経験は、結果とは裏腹に貴重な産物を日本にもたらしたことになる。代表メンバーの間でも、当時構築していた日本代表のバスケットボールが海外の大型チーム相手でも通用するという手応えが生まれたのが、このプレオリンピックだったという[55]。

　12 月 8 日には、国内で韓国選抜チームとの親善試合が行われた。結果は、前半リードで折り返すも後半に逆転負けを喫した。このゲームにつ

図2．世界選手権の対メキシコ戦
日本体育協会編（1965）第18回オリンピック競技大会報告書．日本体育協会．

いて報じた新聞記事によると、チームの大型化そのものは順調に進んで
いたが、大型プレーヤーに基礎技術を習得させるという懸案事項をいま
だに解決できず苦しんでいた模様が見て取れる[56]。

2－4．1964（昭和39）年における強化活動

　オリンピックイヤーの1964（昭和39）年は、1月の全日本選手権大会
終了後に東京オリンピックの候補者として表3のメンバーが招集された。
日本代表総監督の牧山圭秀は、東京オリンピック本番の見通しとしてア
メリカ、ソ連、ユーゴスラビア、ブラジル、チェコには歯が立たないが、
その他の対戦には勝機があると踏んでいた[57]。目標は6位以内（入賞）
だったが、最下位を免れれば御の字で、10位以内に入れば大成功だと周
囲からは評価されていたようである。

表３．東京五輪バスケットボール日本代表プレーヤー

氏名（年齢）	身長	体重	所属（出身大学）
監督 吉井 四郎（45）			一ツ橋大学（東京教育大）
コーチ 武富 邦中（37）			三井生命（慶應大）
奈良 節雄（27）	175cm	68kg	日本鉱業（立教大）
若林 薫（26）	179cm	73kg	日本鋼管（東京教育大）
志賀 政司（25）	175cm	74kg	日本鉱業（明治大）
中村 邦彦（25）	189cm	78kg	日本鉱業（明治学院大）
増田 貴史（24）	183cm	76kg	住友金属（慶應大）
藤江 精二（23）	191cm	82kg	三井生命（日本大）
海保 宣生（25）	168cm	68kg	住友金属（立教大）
江川 嘉孝（21）	185cm	77kg	明治大
諸山 文彦（21）	186cm	78kg	日本大
角田 勝次（20）	195cm	80kg	明治大
小玉 晃（20）	196cm	85kg	東京教育大
梅 勝夫（23）	181cm	78kg	積水化学（立教大）

吉井四郎（1965）バスケットボール．日本体育協会編，第18回オリンピック競技大会報告書．
日本体育協会，pp.357-359.
※なお、1964（昭和39）年１月に招集された候補選手は14名だったが、このうち山本誠治（八
幡製鉄・立教大卒）と岡山啓三（立教大）が故障により最終メンバーから外れている。

図３．東京オリンピックの日本代表
日本バスケットボール協会編（1981）バスケットボールの歩み．日本バスケットボール協会．

図4.　ミーティングをする吉井監督と選手たち
日本体育協会編（1965）第18回オリンピック競技大会報告書．日本体育協会．

　3月末より約1カ月間、日本代表チームはアメリカ西部とハワイへの遠征を敢行する。これは、最終年度の強化策として、外国人プレーヤーと肌でぶつかり合うスクリメージ（5対5のゲーム形式の練習）の機会を数多く作ることで、チームの大型化という念願を実現させる方針のもとに実施された[58]。

　帰国後、4月末にはアメリカ海軍の選抜チームのサブパックが来日した。チームを率いたK. マツオは過去の対戦と比較して、日本はディフェンス面ではボールへの執着心、積極的なダブルチーム、スクリーンに対するファイトオーバーなどの点で著しい進歩を遂げたとコメントしている[59]。一方、オフェンス面ではシュート力の向上や好機を見極めて繰り出す速攻の精度が上がったことに加えて、「オフェンスの型も、かなり練習しているようですし、プレイヤー自身が型や動きを身につけているので、チームがまとまった動きをしています。」[60]と評価した。吉井がかねてから取り組んできた攻撃の考え方がチームに浸透し、一定の成果を上げていたのである。

サブパックに対する日本の戦いぶりを見た鹿子木は、ディフェンス面に注目して、①以前よりもハンズアップができるようになったこと、②ボールをインターセプトしようとする意識が身についてきたこと、③互いの連携が向上しスイッチディフェンスのタイミングがよくなってきたこと、④プレスディフェンスの際のダッシュやカバーのレベルが上がったことを高く評価した[61]。オリンピックを前に、アメリカ遠征の成果としてディフェンス面での強化が進んでいたことがわかる。

　その後、7月はアメリカから V.F.V. が来日し、日本代表と2試合を行なった（結果は1勝1敗）。この時の V.F.V. は平均身長192cm の大型チーム編成で[62]、オリンピックを前に海外の大型チームを想定できる貴重な機会となった。サブパックと V.F.V. との対戦を経て、吉井はディフェンスについては「これで相当いける」との感触を抱き、以降の強化の重点をオフェンス面に絞る方針を打ち出すことになる[63]。

　7月末からは、カリフォルニア大学 OB チームを招聘して、東京オリンピック本番に向けた総仕上げの合同練習が行なわれた。この時、ピート・ニューエルとフォレスト・アンダーソンが帯同し、主にニューエルからはディフェンスの、アンダーソンからはオフェンスの指導を受けている。

　ニューエルが日本と関わりを持った当初、日本の選手は欧米チームに対する体格的なコンプレックスがあったために、彼はまずもってこの点の是正が必要だと考えていた。ニューエルはカリフォルニア大学 OB との合同練習によりこれを完全に払拭できたと確信し、インタビューに対してローマオリンピックのチームと比較すれば、今回の代表チームは相当な好成績が期待できると回答した[64]。吉井も、後に「オリンピック時の戦力はここでほぼ完成されたといっても過言ではない。…大型プレーヤーを意識せずにプレーできるようになり、大型チームとの対戦による小型チームのもつ種々の問題は一挙に解決されたのである。」[65]と回顧し、この時の経験が有意義な総仕上げになったことを伝えている。

　8月26日より2週間、日本代表は長野県松本市で強化合宿を行なった。

図5．カリフォルニア大学との合同練習
日本体育協会編（1965）第18回オリンピック競技大会報告書．日本体育協会．

この合宿では、アメリカ人コーチのボビー・ウェンデルを招聘しているが、ウェンデルが作成した東京オリンピック対戦チームのスカウティングレポートは、日本にとって効果的な参考資料になった[66]。現役時代はガードとして活躍したウェンデルは、吉井をはじめとする日本代表チームのメンバーに数々のアドバイスを送った。合宿中、連日の長時間におよぶ練習によってプレーヤーの疲労が蓄積することを懸念したウェンデルが、吉井に練習量を減らすようにアドバイスする一幕もあったという[67]。

3．東京オリンピックへの参加

3－1．東京オリンピックの基本方針

① オフェンスの基本方針

　前述したように、吉井はローマオリンピックの主な敗因をフィールド
ゴール成功率の差にあると特定した。この点を克服すべく当初吉井が考
えたのは、日本人のクイックネスを活かした攻撃法を持つことだったと
いう[68]。具体的には、オンボールスクリーンを駆使してディフェンスを
横に揺さぶりゴールにアタックする方法が想定された。こうした攻撃は、
例えば日本人同士など同型プレーヤー間の攻防ではその効果を発揮する。
しかし、チーム強化の過程において、相手が海外の大型プレーヤーにな
ると、そのリーチの長さからゴール下でディフェンダーの守備範囲から
離れてシュートするのは容易ではないことが判明した[69]。

　そこで、吉井が次に考え出したのは、相手の体勢の逆をついてシュー
トチャンスを作ろうとする攻撃法だった[70]。図6は、日本が海外の大型
チーム対策として使用したフォーメーションプレーである。大型プレー
ヤーのリーチの脅威を解消するために、相手を縦に揺さぶり、さらには
相手の体勢の逆方向にシュートチャンスが作れるスクリーンプレーを多
用したことがコンセプトだという[71]。

　吉井が考案したフォーメーションプレーは、5対5の形式で繰り返し
練習された。しかし、型にこだわり過ぎず、臨機応変に状況判断をして
常にシュートチャンスをうかがうことが求められていた[72]。吉井は味方
がシュートしたら必ずオフェンスリバウンドに参加することを要求した。
これによって、仮にリバウンドを獲得できなくても、高い位置からボー
ルにプレッシャーをかけることで相手の速攻を防げると考えていたから
である[73]。

　ドリブルなしの2対2や3対3のボールキープの練習では、ディフェ
ンスを振り切ってボールをもらう「動き」が重視されたという。日本代
表のオフェンスは、2対2を基本に構成されていた。そのため、ガード

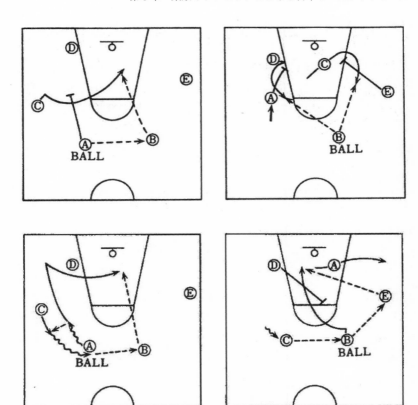

図 6．東京五輪で採用された攻撃のフォーメーション
吉井四郎（1987）バスケットボール指導全書 2：基本戦法による攻防．大修館書店，p.191.

ポジションとフォワードポジション、フォワードポジションとハイポス
ト、コーナーとローポストなど、様々な位置の組み合わせからはじまる
2 対 2 のプレーを徹底的に練習した。

　吉井はオフェンス練習の際には、コーナーを埋めたり、コートを広く
使うことを指導していた。3 メンの練習では、ミスが起こると最初から
やり直しを命じられたが、これによってプレーヤーはミスをせずに確実
にシュートを決めるという精神を植え付けられたという[74]。

② ディフェンスの基本方針

　吉井の報告によると、相手のミスを誘発し、なおかつ反撃されないようなディフェンスシステムの構築が、日本代表チームのディフェンス面での最大の課題として位置づけられていた[75]。吉井の就任当初、日本は海外の大型チームに対するディフェンスリバウンドの獲得率があまりにも悪かったために、相手に苦しいシュートを打たせることに成功しても結局リバウンドを奪われてしまっていた。そこで、シュートされる前に相手のミスを誘発するために、多少のリスクを背負ってでも積極的なプレスディフェンスを展開することが妥当だと判断されたのである[76]。

　やがて、代表チームの大型化が進み、大型プレーヤーがスクリーンアウトの技術を習得するに連れて、以前よりも多くのディフェンスリバウンドの獲得が見込まれるようになった。すると、相手に苦しいシュートを打たせれば、ギャンブルをせずとも大型チームに対抗できるという理想像が浮かび上がってきた[77]。従来の日本ではスクリーンアウトが徹底されていなかったため、ニューエルは「スクリーンアウト！」という言葉を繰り返し用いてその重要性を説いていたという[78]。とはいえ、ゴール下で発生する身体接触により、相手の大型プレーヤーの方が良いポジションを占有出来る可能性が高いことから、結局はプレスディフェンスが有効だと捉えられるに至る。

　日本のプレスディフェンスは、主にコートの４分の３の高い位置（スリークォーター）から試行された。その狙いは、相手に早いタイミングでインサイドを攻撃されないように時間をかけさせ、何度もパスやドリブルをさせてバイオレーションやターンオーバーを誘発させることにあったという。このディフェンスは１対１ではなく、１対２や２対３といった数的優位を保ったチームディフェンスが前提だったため、プレーヤー間のコミュニケーションの重要性が強調されていた[79]。

　日本のプレスディフェンスには、高さ対策の意味合いから相手に容易にシュートさせず攻撃の時間をかけさせる狙いがあった。そのため、無理にボールをインターセプトする発想はなく、ボールに触れるだけで

も十分だと考えられていたという[80]。日本にディフェンスを指導した
ニューエルは、プレスディフェンスの効果は相手のミスの誘発だけでは
なく、自チームのプレーヤーに攻防両面にわたる失敗を恐れない積極
性をもたらすことにもあると説き[81]、後に「日本のナショナル・チーム
も、積極的な心構えになった時に最高のバスケットボールを行った。」[82]
と評価した。日本のプレスディフェンスには、高さのあるチームに対し
て時間を浪費させる狙いと合わせて、日本代表のプレーヤーに積極的な
プレーを促す狙いもあったといえよう。

　日本はプレスディフェンスとしてマンツーマンとゾーンを併用した。
マンツーマンディフェンスは、味方がヘルプしやすいという理由でノー
ライン[注2]の原則が採用されている[83]。

　ニューエルはディフェンスの練習として、ハンズアップをはじめとす
るファンダメンタルやコミュニケーションを徹底したが、味方同士の
連携を図るために彼が重視したのがポジショニングだった[84]。とりわけ、
ボールマンの隣のディフェンスが最重要だと指導され、ポジションと
ビジョンが強調された。プレスディフェンスの構築に向けては、3対2
や5対4など、素早いポジション移動によって守る練習が繰り返し行わ
れた[85]。ニューエルが強調したハンズアップやコミュニケーションは従
来の日本にも存在した考え方だったが、それをペナルティを課してでも
徹底していく姿勢は、ニューエルが日本代表チームに植え付けたもので
ある[86]。

　吉井は、バスケットボールの技術向上のために最も重要な要素は「脚
力」であり、脚力の強化はそのための特別なトレーニングを設定するよ
りも、バスケットボールの練習法を工夫することで十分に達成できると
考えていた[87]。実のところ、日本の生命線だったオールコートのプレス
ディフェンスの練習は、プレーヤーの脚力増強を手助けし、それが技術
向上のための土台構築に一役買っていたのである[88]。

③　ゲームテンポの基本方針

　東京オリンピックの日本の基本方針として、従来の常識に変革をもたらしたのはゲームテンポの問題だった。監督の吉井が後年の座談会の席で、「ゲームのテンポが間違ったら、どんな相手だって勝てないんであって、日本がいかに勝てるゲームのテンポを維持してゲーム運びをやるかということがあるんです。」[89]と強調したように、彼はゲームテンポに並々ならぬこだわりを持っていた。当初はローマオリンピックまでの日本代表の傾向を踏襲して、速攻をメインとしたトランジションゲームの採用が検討されたが、それでは海外の大型チームには太刀打ちできないことが判明したという[90]。

　日本が速攻をメインの戦術から除外した理由は以下の通りである。すなわち、日本が速攻を多用することは相手にも速攻の機会を相応に与えることを意味するが、日本が海外の大型のセーフティマンを前にしてゴール下まで攻め込めずにミドルシュートでフィニッシュせざるを得ない一方、日本のセーフティマンは相対的に小柄なので相手はゴール下でシュートを打ち切る公算が高い。シュート成功率がゴールまでの距離に反比例して高まるならば、速攻の応酬では自ずと海外の大型チームが優勢になる。何より、アップテンポなゲーム展開では、防御局面において動き回る相手を捕まえることが難しいために、日本の命運を託されたプレスディフェンスを多用できない[91]。こうして、最終的には日本のゲーム運びのテンポはスローテンポでなければならないとの判断がなされ[92]、速攻を極力控えたスローテンポなバスケットボールにシフトしていったのである。

　日本のスローテンポな攻撃には、攻め急いでミスをするのではなく、確実にシュートチャンスを作って得点に結びつける狙いがあったという。焦ってシュートを打って外すと、相手にリバウンドを高確率で奪われて速攻を出されてしまうため、高さ対策の意味合いからもスローテンポの採用は効果的だった。ただし、吉井がプレーヤーに対してスローテンポな攻撃を要求したことはなく、むしろシュートチャンスと判断すれば、

早いタイミングでシュートしてよいと指導していた[93]。

　吉井は、チーム全体でシュートチャンスを共有することがシュート成功率を高めるために重要だと繰り返し指導し、そのような観点からシステマティックな攻撃を構築していたのである[94]。

　吉井の思考にはスローテンポな展開が念頭にあったものの、それはただ攻撃に時間をかけることが目的ではなく、確実に得点を上げるべく最適なシュートチャンスをうかがう意図に基づいていた。

　事実、ローマオリンピックの日本の攻撃回数が平均98回だったのに対し、東京オリンピックではこれが平均67回にまで抑えられている[95]。後述するように、東京オリンピックで日本のプレスディフェンスが大いに効力を発揮したことを考えれば、スローテンポなゲーム運びが日本の持ち味を活かす状況を生み出したのではないだろうか。

３－２．東京オリンピックの戦況

　1964（昭和39）年10月10日、東京オリンピックが開幕した。バスケットボール競技は10月11〜18日にかけて実施され、日本代表チームは全9試合を戦って4勝5敗で10位という成績を収めた（表4参照）。

　前述したように、10位以内なら大成功という戦前の見通しからすると、日本の成績は明るい結果だった。以下では、東京オリンピックにおける日本の全9試合の戦況を振り返っていきたい。なお、文中に記載するプレーヤーの身長は公式プログラム[96]の情報による。

①　プエルトリコ戦

　初戦の固さがみられ、前半リードするも後半相手の長身センターを押さえ切れずに敗戦した[97]。203cmのダウンズには20得点を献上している。日本は諸山が20得点とひとり気を吐いたが、190cm台の角田と小玉が5ファウルで退場した[98]。ノーマルなマンツーマンディフェンスを試行した際のキーホール[注3]の守り方が課題として浮上したゲームだった[99]。

表4　東京五輪における日本代表チームの対戦結果

ゲーム種別	対戦相手	結果	スコア
予選リーグ第1戦	プエルトリコ	負	日本 55 – 65 プエルトリコ （前半 24 – 22　後半31 – 43）
予選リーグ第2戦	ポーランド	負	日本 57 – 81 ポーランド （前半 27 – 32　後半30 – 49）
予選リーグ第3戦	カナダ	勝	日本 58 – 37 カナダ （前半 25 – 16　後半33 – 21）
予選リーグ第4戦	ハンガリー	勝	日本 57 – 41 ハンガリー （前半 24 – 26　後半33 – 15）
予選リーグ第5戦	ソ連	負	日本 59 – 72 ソ連 （前半 28 – 33　後半31 – 39）
予選リーグ第6戦	イタリア	勝	日本 72 – 68 イタリア （前半 32 – 32　後半40 – 36）
予選リーグ第7戦	メキシコ	負	日本 62 – 64 メキシコ （前半 30 – 34　後半32 – 30）
順位決定戦第1戦	フィンランド	勝	日本 54 – 45 フィンランド （前半 31 – 24　後半23 – 21）
順位決定戦第2戦	オーストラリア	負	日本 57 – 64 オーストラリア （前半 29 – 30　後半28 – 34）

オリンピック東京大会組織委員会編（1966）第十八回オリンピック競技大会公式報告書 下.
オリンピック東京大会組織委員会，pp.129-184.

② ポーランド戦

　前戦で課題となったキーホールのディフェンスは改善されたが、日本は後半の勝負どころでプレスディフェンスを仕掛けるも、縦のロングパスで破られ敗退する[100]。ゲームが乱戦になると両チームの体力差がそのまま得点差として現われることが確認され、かねてから重視していたゲームテンポの問題が改めて浮き彫りとなった[101]。ポーランドはビホフスキー（196cm）が19得点、リシコー（196cm）が14得点、ロパッカ（196cm）が20得点と長身者に得点が集中しているため[102]、日本はこのゲームでは高さを克服できなかったと見なければならない。

③ カナダ戦

　日本はディフェンスリバウンドを安定して獲得し、多くの速攻を繰り

出した[103]。また、プレスディフェンスを用い、スローテンポなゲーム運びを維持して待望の初勝利を手にする。プレスディフェンスの効果を再認識したゲームとなった[104]。スコア上、カナダは長身プレーヤーが目立った得点を挙げておらず[105]、日本は相手の強みを極力抑え込んだゲームを展開していたことが見て取れる。

④　ハンガリー戦

　長身センターが売りのハンガリーに対し、日本は序盤からオールコートのプレスディフェンスで相手のミスを誘発し、勝利に結びつけた。ハンガリーは焦ってオフェンスチャージングを犯すなど、日本がディフェンス中心に練習した効果をまざまざと見せつけたゲームを展開する[106]。対戦相手がプレスディフェンスにどのくらい手を焼くのか、すなわち相手が有する「大型プレーヤーの欠陥」の度合いが、日本の勝敗に大いに関わることが発見されたゲームだった[107]。

⑤　ソビエト戦

　序盤に仕掛けたマンツーマンプレスディフェンスがソ連には通用せずに点差を離されてしまう。そこで、ゾーンプレスディフェンスに変更したところソ連のミスが相次ぎ、接戦に持ち込むことができた。しかし、最終的にはゴール下のセンターにボールを集められて劣勢となり、敗戦を喫した[108]。この試合、ソ連の218cmのクレーミンには20得点を献上している[109]。

　プレスディフェンスが成功したことや、前日の練習による攻撃面の改善が奏功したことは日本にとって自信を深める結果となり[110]、この良い流れが次のイタリア戦にも波及していく。

⑥　イタリア戦

　日本は終始マンツーマンプレスディフェンスを用いてイタリアを攪乱した[111]。終盤、中村、増田、諸山の主力メンバーが相次いで退場した

ことで追い上げられるが、最終的には4点差でローマオリンピック4位の強豪イタリアを退けた。

　大型プレーヤーを擁するイタリアはプレスディフェンスを苦手としていたため、日本にとっては戦いやすい相手だったようである[112]。

⑦　メキシコ戦

　予選リーグ最終戦の相手はメキシコだった。得点力で劣る日本がいかに積極的に粘り強くディフェンスをしてメキシコのシュートを抑えるかが見所だったが、序盤のディフェンスの甘さが勝負の分け目となり、日本は僅か2点差で惜敗する[113]。前半終了間際に、メキシコ選手が自陣のゴール下から投じたボールが日本ゴールに吸い込まれるブザービーターが飛び出し、この失点が最後まで尾を引いた[114]。

　メキシコには大型チーム特有の欠陥はなく、日本は身長差の劣勢を補うだけの技術を持ち得なかった。このゲームを通して吉井は、プレスディフェンスで大型プレーヤーの欠点につけ込み、スローテンポなゲーム運びで勝とうとする方法に限界を感じる[115]。攻撃回数を60回台でコントロールしたゲームのうち、日本が唯一負けたのがこのメキシコ戦だった[116]。

⑧　フィンランド戦

　前線からのディフェンスが功を奏してフィンランドに勝利し[117]、日本の10位以内が確定した。しかし、吉井は後年このゲームを「デフェン^{（ママ）}スの威力を発揮するための、スローテンポのゲーム運びが、攻撃の積極性に若干悪影響を及ぼしつつあることが見受けられた。」[118]と回想している。スローテンポなゲーム展開を志向することの短所が見え隠れしていた。

⑨　オーストラリア戦

　日本はゲームの出だしが悪く、パスミスやリバウンド後の処理の甘さ

図 7　東京オリンピックのカナダ戦
日本バスケットボール協会編（1981）バスケットボールの歩み．日本バスケットボール協会．

を露呈し、ディフェンス面では成功を示しながらも苦しいゲーム展開を余儀なくされた[119]。増田が24得点を挙げる活躍を見せるも7点差で敗戦し、第10位で東京オリンピックを終える。東京オリンピックで日本が採った戦い方では、大型プレーヤー特有の欠陥が少ないチームには勝つことが難しいと感じられたゲームだった[120]。

　このように、日本代表チームにとっての東京オリンピックとは、強化策による一定の成果を挙げたものの、毎回のゲームの反省点を改善して次のゲームに臨み、さらなる「世界の壁」にぶつかり新たな課題と向き合うという繰り返しだったといえよう。

3－3．東京オリンピックを終えて

　バスケットボール日本代表チームは、4勝5敗で第10位という成績を収めた。東京オリンピックの結果を受けて、吉井はそれまでの強化の方法や成果が「すべての面においてほとんど予想通り」だったとし、「この3年間における選手強化の成果は、他のどの競技種目の成果に比しても決して劣るものではないと言い得ると思う。」と明言している[121]。また、吉井は「このような成果を挙げ得たのは決して日本のバスケットボールの一般的なレベルが向上したところに原因があったのではなく、協会が一丸となって協力して育てあげたナショナル・チームという一つのチームのみが強くなったのである。」[122]とも述べた。初の自国開催のオリンピックに向けて、日本バスケットボール協会が異例の体制でバックアップしたことが、代表チームの強化を支えていたのである。
　吉井は東京オリンピックの9試合の総評として、プレスディフェンスを積極的に用い、ゲーム展開をスローテンポに持ち込むことで大型チームに対しても互角に勝負できたが、さらなる技術面での成熟なくしては日本が世界の強豪と伍していくことは難しいと結論付けた[123]。特に、攻撃に関しては反省点も多く、東京オリンピックを振り返った文章中の「防禦面の成功に比して、みじめなものであった」「貧困な攻撃力」と

いった文言は吉井の自己評価を物語る[124]。

　ところで、当時国際バスケットボール連盟の技術委員だったロバート・バスネルは、日本の戦いぶりを次のように評価した。

　　「多くのチームからは新しいものを見い出すことは出来なかった。しかしオリンピックでは予想出来なかった出来ごとが必要なのである。最初のうち、バスケットで目新しいものへの期待はなかった。ところが、日本人達は新しい根性を見せて、敢えて危険を越える効果的な作戦を用い、これを完全に遂行して世界バスケット界の哨兵の中に地位を占めたのである。確かに巨人チームが勝利を収めたがそれでも尚、秀れて競技を遂行したのは『ニッポン人』であった。」[125]

　バスネルがいうように、東京オリンピックに出場した大半の国が新鮮さに欠ける中で、身長に劣る日本はギャンブル性を抱えるプレスディフェンスに果敢にチャレンジし、世界にその存在を知らしめたのである。日本代表の強化に大きく貢献したニューエルも同様に、日本が東京オリンピックで堂々と披露したプレスディフェンスの出来栄えを称賛した[126]。

【注】
注1）その後の経過を辿ると，技術習得の練習に多くの時間を割かねばならず，体力面での強化は後回しになり，東京オリンピック本番でも当初意図したような「力強いバスケット」は実現しなかった。また，監督の吉井が，フィジカルトレーニングとバスケットボールの技術向上との相関関係に最終的に疑念を抱いたように（吉井四郎（1966）東京オリンピック日本バスケットボールティームの選手強化および対戦スコアーの実態報告とその検討について（その1）．一橋大学研究年報自然科学研究，8：96），強化最終年をむかえても当事者がその効力を実感するまでには至らなかったのである。
注2）ノーラインとは「ディフェンスプレイヤーが，ボールマンにベースラインドライブをされないようにボールマンをミドルライン方向に向かわせることを強調すること。」（小谷究・小野秀二監（2017）バスケットボール用語事典．廣済堂出版，p.130）を指す。
注3）キーホールとは，今日でいうペイントエリアを指し，「古い規則のフリー・ス

ロー・サークルとフリー・スロー・レーンとあわせた形が鍵穴に似ていたのでこの名前がついた。」（櫻井榮七郎編（1998）球技用語事典．不昧堂出版，p.124）とされている。

【文献】

1 ）吉井四郎（1965）バスケットボールと私．新体育，35（11）：131.
2 ）前田昌保（1962）バスケットボール．日本体育協会編，第17回オリンピック競技大会報告書．日本体育協会，p.130.
3 ）前田昌保・笠原茂・赤樫卓爾・田端政治・大島鎌吉・加藤橘夫・猪飼道夫・中原乾二（1960）ローマから東京へ（座談会）．OLYMPIA，1（3）：50.
4 ）森沢誠一（1961）ローマオリンピック帰国挨拶．バスケットボール，47：3.
5 ）同上：3-4.
6 ）植田義己（1961）第六回FIBA世界会議に出席して．バスケットボール，47：27.
7 ）斉藤博・森沢誠一・前田昌保・今泉健一・奈良節雄・植田義巳（1961）座談会ローマ・オリンピックを顧みて．バスケットボール，47：23.
8 ）杉山武雄（1961）ローマオリンピックに参加して．バスケットボール，47：16.
9 ）前田昌保（1962）バスケットボール．日本体育協会編，第17回オリンピック競技大会報告書．日本体育協会，p.130.
10）太田裕祥（1961）ローマ大会雑感．バスケットボール，47：33.
11）吉井四郎（1961）オリンピック代表チームの対戦記録より探る．バスケットボール，47：42.
12）同上：53.
13）同上：56-57.
14）吉井四郎（1966）東京オリンピック日本バスケットボールティームの選手強化および対戦スコアーの実態報告とその検討について（その 1 ）．一橋大学研究年報自然科学研究，8：83.
15）同上：89-91.
16）吉井四郎（1965）バスケットボール．日本体育協会編，東京オリンピック選手強化対策本部報告書．日本体育協会，p.325.
17）吉井四郎（1961）バスケットボール：ナット・ホルマン・コーチを招いて．OLYMPIA，2（4）：46-47.
18）吉井四郎（1965）バスケットボール．日本体育協会編，東京オリンピック選手強化対策本部報告書．日本体育協会，p.327.
19）吉井四郎・斉藤博（1962）この目で見たアメリカのバスケットボール．バスケットボール，52：1.
20）吉井四郎（1962）アメリカのバスケットボールから得たヒントについて．OLYMPIA，3（2）：51.

21）吉井四郎・斉藤博（1962）この目で見たアメリカのバスケットボール．バスケットボール，52：11.
22）吉井四郎（1977）バスケットボールのコーチング：基礎技術編．大修館書店，p.5.
23）日本バスケットボール協会広報部会編（1981）バスケットボールの歩み：日本バスケットボール協会50年史．日本バスケットボール協会，pp.200-201.
24）吉井四郎・斉藤博（1962）この目で見たアメリカのバスケットボール．バスケットボール，52：3.
25）同上：7.
26）Cunningham, C.（2009）American hoops: U.S. men's Olympic basketball from Berlin to Beijing. University of Nebraska press, pp.144-145.
27）Jenkins, B.（1999）A good man: The Pete Newell story. University of Nebraska press, p.204.
28）Williams, D.（2010）Great moments in Olympic basketball. Sports zone, pp.23-24.
29）吉井四郎（1977）バスケットボールのコーチング：基礎技術編．大修館書店，p.5.
30）吉井四郎（1966）バスケットボール．日本体育協会編，第4回アジア競技大会報告書．日本体育協会，p.49.
31）吉井四郎（1968）男子バスケットボール．日本体育協会編，1967夏季1968冬季ユニバーシアード大会報告書．日本体育協会，p.134.
32）植田義己（1962）ハワイ・コーチケレイ氏の観た日本チーム．バスケットボール，52：41.
33）同上：42.
34）同上：42.
35）編集委員会（1964）V.F.Vがやってきた．バスケットボール，64：24.
36）吉井四郎（1965）バスケットボール．日本体育協会編，東京オリンピック選手強化対策本部報告書．日本体育協会，pp.327-328.
37）吉井四郎（1966）バスケットボール．日本体育協会編，第4回アジア競技大会報告書．日本体育協会，p.48.
38）吉井四郎（1962）バスケットボール．OLYMPIA，3（5）：58.
39）大島鎌吉（1962）選手強化のステップ：アジア競技大会．東京オリンピック，12：3.
40）関口荘次（1962）今年度選手強化の反省．OLYMPIA，3（6）：27.
41）古川幸慶（1965）バスケットボール．日本体育協会編，東京オリンピックスポーツ科学研究報告．日本体育協会，p.245.
42）志賀政司（2018）志賀氏に対するインタビュー調査記録（インタビュアーは筆者）．平成30年1月23日13〜15時，埼玉県さいたま市南区JR浦和駅前にて実施.
43）木内貴史（2018）木内氏に対するインタビュー調査記録（インタビュアーは筆者）．平成30年3月26日11時〜12時30分，東京都港区新橋JR新橋駅前にて実施.
44）志賀政司（2018）志賀氏に対するインタビュー調査記録（インタビュアーは筆者）．平成30年1月23日13〜15時，埼玉県さいたま市南区JR浦和駅前にて実施.

45) 木内貴史（2018）木内氏に対するインタビュー調査記録（インタビュアーは筆者）．平成30年3月26日11時〜12時30分，東京都港区新橋 JR 新橋駅前にて実施．

46) 鹿子木健日子（1963）鋭い感覚を養成．東京オリンピック，16：7．

47) 吉井四郎（1968）男子バスケットボール．日本体育協会編，1967夏季1968冬季ユニバーシアード大会報告書．日本体育協会，p.138．

48) 中村邦彦・若林薫・海保宣生・木内貴史・諸山文彦・手嶋昇・従野明宏・上谷富彦・桑原信・深尾秀次・島本和彦（2005）座談会東京オリンピックヘッドコーチ指導者，故吉井四郎氏の足跡その3．バスケットボールプラザ，28：10．

49) 吉井四郎（1965）バスケットボール．日本体育協会編，東京オリンピック選手強化対策本部報告書．日本体育協会，p.328．

50) 木内貴史（2018）木内氏に対するインタビュー調査記録（インタビュアーは筆者）．平成30年3月26日11時〜12時30分，東京都港区新橋 JR 新橋駅前にて実施．

51) 鹿子木健日子（1963）鋭い感覚を養成．東京オリンピック，16：7．

52) 同上：8-9．

53) 吉井四郎（1965）バスケットボール．日本体育協会編，東京オリンピック選手強化対策本部報告書．日本体育協会，p.328．

54) 吉井四郎・植田義巳・森沢誠一・畑龍雄・鈴木正三・古川幸慶・大室富弥・渡辺直吉（1981）座談会東京オリンピック．日本バスケットボール協会編，バスケットボールの歩み：日本バスケットボール協会50年史．日本バスケットボール協会，p.201．

55) 木内貴史（2018）木内氏に対するインタビュー調査記録（インタビュアーは筆者）．平成30年3月26日11時〜12時30分，東京都港区新橋 JR 新橋駅前にて実施．

56) 読売新聞（1963）12月20日付．朝刊．9面．

57) 牧山圭秀（1964）東京大会への見通しはどうか：石に噛りついてもベスト6へ．東京オリンピック，24：6．

58) 武富邦中（1964）米国遠征報告．バスケットボール，62：19．

59) マツオ（1964）日本チームによせて．バスケットボール，62：2．

60) 同上：2．

61) 鹿子木健日子（1964）サブパックチームについて．バスケットボール，62：4-5．

62) 編集委員会（1964）V.F.V がやってきた．バスケットボール，64：25．

63) 吉井四郎（1965）バスケットボール．日本体育協会編，東京オリンピック選手強化対策本部報告書．日本体育協会，p.328．

64) 編集委員会（1964）アメリカよりコーチを招く．バスケットボール，64：22-23．

65) 吉井四郎（1965）バスケットボール．日本体育協会編，東京オリンピック選手強化対策本部報告書．日本体育協会，pp.328-329．

66) 吉井四郎（1965）バスケットボール．日本体育協会編，東京オリンピック選手強化対策本部報告書．日本体育協会，p.327．

67) 木内貴史（2018）木内氏に対するインタビュー調査記録（インタビュアーは筆者）．平成30年3月26日11時〜12時30分，東京都港区新橋 JR 新橋駅前にて実施．

68) 吉井四郎（1965）バスケットボール．日本体育協会編，東京オリンピック選手

強化対策本部報告書．日本体育協会，p.332.

69）吉井四郎（1987）バスケットボール指導全書 2 ：基本戦法による攻防．大修館書店，pp.190-191.

70）吉井四郎（1965）バスケットボール．日本体育協会編，東京オリンピック選手強化対策本部報告書．日本体育協会，p.332.

71）吉井四郎（1987）バスケットボール指導全書 2 ：基本戦法による攻防．大修館書店，p.191.

72）志賀政司（2018）志賀氏に対するインタビュー調査記録（インタビュアーは筆者）．平成30年 1 月23日13～15時，埼玉県さいたま市南区 JR 浦和駅前にて実施．

73）木内貴史（2018）木内氏に対するインタビュー調査記録（インタビュアーは筆者）．平成30年 3 月26日11時～12時30分，東京都港区新橋 JR 新橋駅前にて実施．

74）志賀政司（2018）志賀氏に対するインタビュー調査記録（インタビュアーは筆者）．平成30年 1 月23日13～15時，埼玉県さいたま市南区 JR 浦和駅前にて実施．

75）吉井四郎（1965）バスケットボール．日本体育協会編，東京オリンピック選手強化対策本部報告書．日本体育協会，p.331.

76）同上，p.331.

77）同上，p.332.

78）木内貴史（2018）木内氏に対するインタビュー調査記録（インタビュアーは筆者）．平成30年 3 月26日11時～12時30分，東京都港区新橋 JR 新橋駅前にて実施．

79）同上．

80）志賀政司（2018）志賀氏に対するインタビュー調査記録（インタビュアーは筆者）．平成30年 1 月23日13～15時，埼玉県さいたま市南区 JR 浦和駅前にて実施．

81）Newell, P. and Benington, J.（1962）Basketball methods. Ronald press, pp.300-301.

82）ニューエル（1968）PETE NEWELL 技術解説：プレス・ディフェンス．月刊バスケットボールイラストレイテッド，2（4）：27.

83）牧山圭秀（1972）バスケットボールの技術史．岸野雄三・多和健雄編，スポーツの技術史．大修館書店，p.394.

84）中村邦彦・若林薫・海保宣生・木内貴史・諸山文彦・手嶋昇・従野明宏・上谷富彦・桑原信・深尾秀次・島本和彦（2005）座談会東京オリンピックヘッドコーチ指導者，故吉井四郎氏の足跡その 3 ．バスケットボールプラザ，28：12.

85）志賀政司（2018）志賀氏に対するインタビュー調査記録（インタビュアーは筆者）．平成30年 1 月23日13～15時，埼玉県さいたま市南区 JR 浦和駅前にて実施．

86）木内貴史（2018）木内氏に対するインタビュー調査記録（インタビュアーは筆者）．平成30年 3 月26日11 時～12時30分，東京都港区新橋 JR 新橋駅前にて実施．

87）吉井四郎（1966）東京オリンピック日本バスケットボールティームの選手強化および対戦スコアーの実態報告とその検討について（その 1 ）．一橋大学研究年報自然科学研究，8：110.

88）同上：110.

89）吉井四郎・植田義巳・森沢誠一・畑龍雄・鈴木正三・古川幸慶・大室富弥・渡

辺直吉（1981）座談会東京オリンピック．日本バスケットボール協会編，バスケットボールの歩み：日本バスケットボール協会50年史．日本バスケットボール協会，p.203.

90）吉井四郎（1965）バスケットボール．日本体育協会編，東京オリンピック選手強化対策本部報告書．日本体育協会，p.333.

91）同上，pp.333-334.

92）吉井四郎（1969）スポーツ作戦講座1 バスケットボール．不昧堂出版，p.232.

93）志賀政司（2018）志賀氏に対するインタビュー調査記録（インタビュアーは筆者）．平成30年1月23日13〜15時，埼玉県さいたま市南区JR浦和駅前にて実施．

94）木内貴史（2018）木内氏に対するインタビュー調査記録（インタビュアーは筆者）．平成30年3月26日11時〜12時30分，東京都港区新橋JR新橋駅前にて実施．

95）吉井四郎（1965）バスケットボール．日本体育協会編，東京オリンピック選手強化対策本部報告書．日本体育協会，p.333.

96）オリンピック東京大会組織委員会編（1964）第18回オリンピック東京大会バスケットボールプログラム．オリンピック東京大会組織委員会，pp.16-23.

97）編集委員会（1964）オリンピックの足跡バスケットボール．バスケットボール，65：10.

98）オリンピック東京大会組織委員会編（1966）第18回オリンピック競技大会公式報告書下．オリンピック東京大会組織委員会，pp.134-135.

99）吉井四郎（1965）バスケットボール．日本体育協会編，第18回オリンピック競技大会報告書．日本体育協会，p.159.

100）編集委員会（1964）オリンピックの足跡バスケットボール．バスケットボール，65：11.

101）吉井四郎（1965）バスケットボール．日本体育協会編，第18回オリンピック競技大会報告書．日本体育協会，p.159.

102）オリンピック東京大会組織委員会編（1966）第18回オリンピック競技大会公式報告書下．オリンピック東京大会組織委員会，pp.134-135.

103）編集委員会（1964）オリンピックの足跡バスケットボール．バスケットボール，65：12.

104）吉井四郎（1965）バスケットボール．日本体育協会編，第18回オリンピック競技大会報告書．日本体育協会，p.159.

105）オリンピック東京大会組織委員会編（1966）第18回オリンピック競技大会公式報告書下．オリンピック東京大会組織委員会，pp.146-147.

106）編集委員会（1964）オリンピックの足跡バスケットボール．バスケットボール，65：13.

107）吉井四郎（1965）バスケットボール．日本体育協会編，第18回オリンピック競技大会報告書．日本体育協会，p.159.

108）編集委員会（1964）オリンピックの足跡バスケットボール．バスケットボール，65：14-15.

109）オリンピック東京大会組織委員会編（1966）第18回オリンピック競技大会公式

報告書下．オリンピック東京大会組織委員会，pp.156-157.

110）吉井四郎（1965）バスケットボール．日本体育協会編，第18回オリンピック競技大会報告書．日本体育協会，pp.159-160.

111）編集委員会（1964）オリンピックの足跡バスケットボール．バスケットボール，65：16.

112）吉井四郎（1965）バスケットボール．日本体育協会編，第18回オリンピック競技大会報告書．日本体育協会，p.160.

113）編集委員会（1964）オリンピックの足跡バスケットボール．バスケットボール，65：18.

114）牧山圭秀（1969）競技の歴史．牧山圭秀・吉井四郎・畑竜雄編，図説バスケットボール事典．講談社，p.26.

115）吉井四郎（1965）バスケットボール．日本体育協会編，第18回オリンピック競技大会報告書．日本体育協会，p.160.

116）吉井四郎（1969）スポーツ作戦講座1 バスケットボール．不昧堂出版，p.233

117）編集委員会（1964）オリンピックの足跡バスケットボール．バスケットボール，65：22.

118）吉井四郎（1965）バスケットボール．日本体育協会編，第18回オリンピック競技大会報告書．日本体育協会，p.160.

119）編集委員会（1964）オリンピックの足跡バスケットボール．バスケットボール，65：25.

120）吉井四郎（1965）バスケットボール．日本体育協会編，東京オリンピック選手強化対策本部報告書．日本体育協会，p.325.

121）同上，p.325.

122）吉井四郎（1968）男子バスケットボール．日本体育協会編，1967夏季1968冬季ユニバーシアード大会報告書．日本体育協会，p.132.

123）吉井四郎（1965）バスケットボール．日本体育協会編，第18回オリンピック競技大会報告書．日本体育協会，161.

124）吉井四郎（1965）われわれはこう戦ったバスケットボール．新体育，35（1）：94.

125）バスネル（1964）オリンピックに観た日本．バスケットボール，65：42.

126）ニューエル（1968）PETE NEWELL 技術解説プレス・ディフェンス．月刊バスケットボールイラストレイテッド，2（4）：26.

第6章

東京オリンピック以降の
日本のバスケットボール

（執筆責任者：谷釜　尋徳）

1. 東京オリンピックのその後

　1964（昭和39）年の東京オリンピックはバスケットボール日本代表が世界のトップレベルに急接近した大会だった。ただし、東京オリンピックの成功は、日本のバスケットボール界全体のレベルアップを意味したわけではない。前章でも触れたが、当時、日本バスケットボール協会が一丸となってバックアップした「東京オリンピックバスケットボール日本代表」というチームが強化されたに過ぎないと、監督の吉井は認識していた。初の自国開催のオリンピックに向けて、プレーヤーの母体チームの企業や大学も不利益を省みずに協力したものの、オリンピックが終わるとただちにその反動が生じてくる。それまでのように、代表メンバーを常時結成して強化する方法はもはや現実的ではなかった。

　1965（昭和40）年11月、マレーシアにてアジア選手権が開催された。ローマオリンピック日本代表の糸山隆司をコーチに据えて、東京オリンピックの主力メンバーを擁して臨んだこの大会で、日本は初のアジア王者に輝く。東京オリンピックに向けて強化されたメンバーが、持てる力を存分に発揮した結果である。

　しかし、東京オリンピックの反動は、すでにこのアジア選手権にも表れていた。代表チームとしての練習は1週間から10日間ほどしかできず、東京オリンピック以前のように大会直前にメンバーを召集する「選

抜チーム」の状態に戻ってしまったのである。アジア選手権に帯同した植田義巳は、帰国後に「選手の所属チームが全面協力をしてくれないと、日本は２度と ABC（アジア選手権—引用者注）に勝てない」[1]と報告し、今後の代表チームの強化方針に警鐘を鳴らした。

　1966（昭和41）年には、タイのバンコクで開催されたアジア大会に出場する。東海林周太郎監督、笠原成元コーチ体制で、前年のアジア選手権の優勝メンバー８人を擁して臨んだが、日本はイスラエル、タイ、韓国に次ぐ４位に沈み、アジア王者の座を早くも受け渡すことになった。この頃には、日本代表は東京オリンピックまでに蓄積した遺産を徐々に使い切り、下り坂の状態に入っていたといわなければならない。

2．メキシコシティオリンピックに向けて

　1967（昭和42）年は、翌年に控えたメキシコシティオリンピックの出場権を得るための強化活動が本格化する。この年、アメリカ遠征、世界選手権、ユニバーシアード東京大会、そしてアジア選手権と国際大会が目白押しだったが、オリンピックに繋がるアジア選手権が最大目標に据えられ、他の大会はアジア選手権で勝つための強化活動の一環と位置づけられた[2]。

　１月19日〜２月28日、日本代表チームはアメリカ遠征を実施した。監督は東京オリンピックと同じく吉井四郎である。日本代表の第一線から退こうとしていた矢先のことだった。遠征期間のうち、１週間ほどピート・ニューエルから指導を受ける機会も設けられた。

　３月にはユニバーシアードに向けた強化練習が催された。ユニバーシアードに出場資格のある実業団プレーヤーも選ばれていたが、新人発掘の意味合いから多数の学生プレーヤーが招集される。しかし、招集されたメンバーの所属する企業や大学の事情で欠席者が相次ぎ、本来は練習に20名近く集まるはずが10名前後になってしまう。

　この傾向は、４月の世界選手権出場メンバーを招集した強化合宿で明確に表れる。選抜された代表メンバーの所属チームからの要望で、４月

5日〜5月21日の合宿期間のうち、前半は週2日しか練習ができなかったという。プレーヤーの所属チームからのリクエストによって代表の強化計画の大幅変更を余儀なくされたのは、この時がはじめてだった[3]。

　強化活動が順調に進まなかったことも影響してか、5月下旬よりウルグアイとアルゼンチンで開催された世界選手権は参加13ヵ国中11位となった。東海林監督、笠原コーチが率いたこの大会、日本はオールコートプレスディフェンスを仕掛けるも、東京オリンピックの時よりも数段レベルアップした海外の長身プレーヤーに太刀打ちできず、高さの前に完敗する[4]。

　帰国後、7月にはユニバーシアード代表とアジア選手権代表のメンバーを招集して、10日間におよぶ強化合宿が企画された。ユニバーシアードのメンバーにはフル代表での活躍が期待されるプレーヤーが多数含まれていたので、年齢的にそこから漏れた5名の代表候補も呼んで一緒に練習すれば、最終目標のアジア選手権に向けて効果的に強化できると考えたためである。しかし、実際には5名のうち4名はまったく合宿に参加できず、アジア選手権の強化計画は一筋縄では進まなかった。

　ユニバーシアード直前の8月、アメリカからピート・ニューエルとフォレスト・アンダーソンが来日し、日本代表に対して指導を行った。特にアンダーソンは、約1週間におよんでオフェンス面を指導する。しかし、この時期に外国人コーチから教えを受けたことは、当時の日本代表にとって必ずしもよい影響ばかりではなかった。ニューエルとアンダーソンは、日本がユニバーシアードで成果を挙げるために、その時点での代表チームが持つ技術と戦術を否定し、新たな方法論を提示したからである。ディフェンス面については大幅な修正は必要なく対応可能だったが、オフェンス面では日本が東京オリンピックを含めて過去数年間で創意工夫を重ねて構築してきたフォーメーション・プレーが全面的に否定され、大会直前にも関わらず新たなシステムを導入することになった[5]。代表のプレーヤーたちが不信感を抱きながら本番を迎えたことはいうまでもない。

　ユニバーシアード本番、日本はアンダーソンが伝授した新システム「モーション・オフェンス」とプレス・ディフェンスを携えて戦った。

しかし、監督を務めた吉井四郎は、4ゲームを終えた時点で、攻撃を
モーション・オフェンスから従来のフォーメーションに戻す決断を下す。
モーション・オフェンスの利点は十分に理解することができても、それ
を実際のゲームの中で効果的に体現するには、あまりにも準備期間が不
足していたからである[6]。残りの3ゲームは、強豪のブラジル、アメリ
カ、韓国と対戦し、全敗を喫してしまう。その結果、日本は8チーム中
4位となり、自国開催の国際大会で満足のいく結果を残すことはできな
かった。このように、外国人コーチからのアドバイスの受け方に悩まさ
れた吉井は、後に次のように振り返っている。

> 「日本のバスケットボールは、彼等の力を利用することによって芽
> を出すことに成功し、彼等の力の利用の仕方を失敗することによっ
> て、もとのもくあみに返ったという感じが強い。悔いても悔い切れ
> ない失敗であったと云わざるを得ない。」[7]

　9月、いよいよオリンピック出場を賭けたアジア選手権に向けて最終
的な強化の段階に入り、代表候補としてユニバーシアード代表の12名に
加えて実業団で活躍する5名を招集した合宿が計画された。しかし、こ
こでまたしても問題が発生する。17名の代表候補のうち、実業団所属の
4名と大学生3名の計7名が所属先との折り合いがつかず日本代表を辞
退したのである[8]。その後、再交渉を経て12名の代表チーム（表1参照）
が結成されるが、アジア選手権に向けた強化プランに遅れが生じたこと
は間違いない。
　アジア選手権で勝つための戦術として、オフェンス面ではアンダー
ソン直伝のモーション・オフェンスに吉井が改良を加えたシステムが、
ディフェンス面ではプレス・ディフェンスが採用された。
　日本代表は、9月21日から10月1日にかけて韓国のソウルでアジア選
手権を戦った。上位2チームにオリンピック出場権が与えられること
になっていたが、結果は7勝2敗で3位となり、メキシコシティオリン

ピックへの道は断たれてしまう。敗因の一つとして、監督の吉井は「小型チーム対策」が不十分だった点を挙げている[9]。吉井を中心に編成された日本代表チームは、東京オリンピックの 3 年前から欧米諸国に勝つための「大型チーム対策」に継続的に取り組み、その方針は東京オリンピック以降もある程度は引き継がれていた。ところが、アジア諸国との対戦となれば、日本はむしろ大型チームの部類になっていた。自チームよりも小さい相手とどのように戦うべきなのか、大型化が進んでいた当時の日本代表チームにおいては、皮肉にもその対策が十分に練られていなかったことが仇となったわけである。東京オリンピックの成功は、思いもよらぬ落とし穴を後世に残していたといえよう。

　メキシコオリンピック出場に向けた強化活動を総括し、吉井は今後の展望として次の 6 点を提言した[10]。長きに及んでバスケットボール日本代表の強化に尽力してきた吉井が、成功と失敗を繰り返した末に導き出した至言である。

① 日本代表チームは単発でメンバーを召集するのではなく、常時継続して強化がなされなければならない。

② 代表チームが充実した強化活動ができるように、日本協会が一丸となってバックアップすると同時に、その成果を監視しなければならない。

③ 日本代表の強化責任者は一定期間継続して務められる人物にすべきで、不定期的に入れ替わることがあってはならない。

④ 日本代表の指導者は、技術的な見識よりも、よい気風のチーム作りができる能力を備えているかどうかという観点から選ばれるべきである。

⑤ 外国人コーチからの技術的援助は、できるだけ多く受けなければならない。

⑥ 外国人コーチの技術的援助の効果は即時的に発揮されるものではなく、それを日本人的感覚で解釈したコーチが自分のものとして

図1. 1967年アジア選手権の日本対インドネシア戦
（1968）バスケットボール，80.

プレーヤーに教え直した後に現れるものだということを忘れては
ならない。

表1．メキシコ五輪最終予選　バスケットボール日本代表プレーヤー

氏名（年齢）	身長	体重	所属（出身大学）
監督 吉井 四郎（48）			埼玉大（東京教育大）
コーチ 東海林 周太郎（34）			日本鉱業（立教大）
若林 薫（29）	179cm	73kg	日本鋼管（東京教育大）
志賀 政司（28）	175cm	74kg	日本鉱業（明治大）
中村 邦彦（28）	189cm	78kg	日本鉱業（明治学院大）
吉田 正彦（26）	178cm		日本鉱業（立教大）
江川 嘉孝（24）	185cm	77kg	八幡製鉄所（明治大）
角田 勝次（23）	195cm	80kg	日本鉱業（明治大）
小玉 晃（23）	196cm	85kg	日本鉱業（東京教育大）
山本 昌彦（23）			住友金属（日本大）
五十嵐 清次（21）			日本大
杉田 勝彦（21）	186cm	86kg	大商大
諸山 文彦（24）	186cm	78kg	日本鋼管（日本大）
児玉 敏（24）	170cm		日本鉱業（明治大）

日本バスケットボール協会編（1981）バスケットボールの歩み．日本バスケットボール協会，
p.214.

表2．メキシコ五輪最終予選における日本代表チームの対戦結果

対戦相手	結果	スコア
タイ	勝	日本 93 - 66 タイ（前半 44 - 36　後半49 - 30）
インド	勝	日本 89 - 56 インド（前半 52 - 24　後半37 - 32）
インドネシア	勝	日本 78 - 69 インドネシア（前半 34 - 32　後半44 - 37）
フィリピン	負	日本 69 - 81 フィリピン（前半 33 - 41　後半36 - 40）
香港	勝	日本 89 - 47 香港（前半 42 - 28　後半47 - 19）
マレーシア	勝	日本 100 - 69 マレーシア（前半 51 - 27　後半49 - 22）
韓国	負	日本 62 - 63 韓国（前半 34 - 39　後半28 - 24）
中国	勝	日本 81 - 56 中国（前半 40 - 25　後半41 - 31）
シンガポール	勝	日本 90 - 55 シンガポール（前半 41 - 30　後半49 - 25）

吉井四郎（1968）1967年ユニバーシアード東京大会（男子）第4回アジア男子バスケットボー
ル選手権大会報告．バスケットボール，80：pp.12-15.

3．世界への再挑戦—ミュンヘンオリンピック—

　日本がメキシコシティオリンピックの出場を逃しているうちに、世界のバスケットボール事情は大きく変化していた。国際舞台では大型プレーヤーがスピーディに動き回る時代が到来しつつあったのである[11]。

　オリンピック出場を逃した日本は、アジア地区予選の通過を目指して1970（昭和45）年にナショナルチームを結成し、監督には笠原成元が就任した。後に笠原は、この年の問題点として強化合宿の回数の少なさを挙げ、それがミュンヘンオリンピック本番にも大きく影響したと振り返っている[12]。

　監督の笠原は、長いスパンの中にミュンヘンオリンピックを位置づけていた。つまり、大きな目標をモントリオールオリンピックでの上位進出、さらには次のオリンピック（モスクワ）での入賞に定めていたのである。そのため、代表メンバーの選考にあたっては、①年長者より若手を中心に選考すること、②若手プレーヤーの体格・体力を向上させること、③スピードのある攻防戦術を採用することを意識していたという。練習内容の構築にあたっては、各個人が１ゲームを通して走り続けられる力を養成すること、常に長時間の練習を課すのではなく調整のためには短時間の練習も織り込むことに留意していた[13]。

　ところが、代表メンバーを若手中心に切り替えたこともあり、すぐに結果がついてきたわけではなかった。1970（昭和45）年にタイのバンコクで開催されたアジア大会では、日本は韓国、イスラエルに次ぐ３位にとどまる。大会前に重点的に強化した速攻も、それほど効力を発揮するには至らなかった[14]。なお、同年開催された女子アジア選手権では、日本は宿敵の韓国を破って優勝を遂げ、世界への扉をこじ開けていた。

　1971（昭和46）年のアジア選手権は、翌年に控えたミュンヘンオリンピックのアジア予選を兼ねて東京で開催された。メキシコオリンピック不参加の日本にとっては背水の陣である。代表チームの強化に充てる資金調達のために「日本バスケットボール後援会」なる団体も設立される

図2．1972年ミュンヘンオリンピックの日本対フィリピン戦
日本体育協会・日本オリンピック委員会編（1973）第20回オリンピック競技大会報告書．日
本体育協会・日本オリンピック委員会．

など、万全のバックアップ体制が組まれる[15]。最終日の韓国戦はNHK
のゴールデンタイムで中継され、かつてない高視聴率を獲得したという。
その甲斐あって、アジア選手権は日本の完全優勝で幕を閉じ、2大会ぶ
りにオリンピックの切符を手にすることになった。

　ミュンヘンオリンピックのバスケットボール競技は、1972（昭和47）
年8月27日から9月7日にかけて行われた。アジア予選を完全優勝で通
過しただけに期待されたが、結果は意外にも2勝7敗で16チーム中14位
に沈んだ。エジプトとセネガルのアフリカ勢には辛くも競り勝ったもの
の、欧米勢に軒並み惨敗し、さらにはアジア予選で大勝したフィリピ
ンにまで敗れ、失意のままオリンピックを終える。欧米チームと日本と
の間には、身長差だけではなく、プレーの予測・判断力の差からくる敏

捷性の違いがあることをまざまざと見せつけられた[16]。世界レベルに急接近した東京オリンピックから8年、日本のバスケットボールが再び世界から大きく引き離されたことを痛感したオリンピックだった。

　オリンピック終了後、監督の笠原は次のような所感を報告している。再考すべき点として挙げた技術的なポイントは、持久力、スピード、ボディコントロールを軸にドリブルワーク、パスワーク、シュート力を伸ばすことだった。また、個人プレーの向上を最優先に練習しなければ、世界レベルのバスケットボールからは取り残されるだろうと指摘した。さらには、日本国内の中学、高校、大学、実業団の各カテゴリーにおける一貫指導の重要性を説くような提言も残されている。

　もう一つ、ここでは、笠原が残した以下の文面に注目したい。

　　「東京オリンピック以後数年続いたナショナルチームは、一時2、
　　　3年間解放し、一昨年また編成された。そしてこのブランクは、非
　　　常に大きな障害となっていた。なぜならば、ナショナルチームとし
　　　て持っていた最低保障である守りについての伝わりが切れてしまっ
　　　たのである。」[17]

　笠原によると、吉井四郎が東京オリンピックに向けて積み上げてきた日本代表チームが得意とするディフェンス戦術は、このミュンヘンオリンピックを目指したチームが結成された時点で途絶えていたことになる。メキシコオリンピックの予選敗退の時点で、吉井は日本代表チームは常に継続的に強化されなければならないと訴えたが、その懸念は見事に現実のものとなってしまったのである。

表3．ミュンヘン五輪　バスケットボール日本代表選手

氏名（年齢）	身長	体重	所属（出身大学）
監督　笠原 成元（36）			学習院大（東京教育大）
コーチ 吉田 正彦（31）			日本鉱業（立教大）
谷口 正朋（26）	186cm	84kg	日本鋼管（中央大）
杉田 勝彦（26）	186cm	86kg	松下電器（大商大）
横山 邦彦（25）	195cm	84kg	住友金属
阿部 成章（24）	178cm	70kg	日本鉱業（日体大）
宗田 研二（24）	193cm	96kg	日本鋼管（中央大）
服部 信雄（25）	197cm	83kg	日本鋼管（立教大）
吉川 峰夫（24）	178cm	70kg	住友金属
坂井 和史（24）	182cm	78kg	日本鋼管（東京教育大）
森 哲（23）	191cm	84kg	住友金属（明治大）
杣友 厚（23）	187cm	78kg	住友金属（日本大）
千種 信雄（23）	187cm	74kg	住友金属（大商大）
沼田 宏文（20）	204cm	98kg	同志社大学

日本体育協会・日本オリンピック委員会編（1973）第20回オリンピック競技大会報告書．日本体育協会・日本オリンピック委員会，pp.281-282.

表4．ミュンヘン五輪における日本男子代表チームの対戦結果

対戦相手	結果	スコア
ブラジル	負	日本 55－110 ブラジル（前半 35－55　後半20－55）
チェコ	負	日本 61－74 チェコ（前半 34－27　後半27－47）
エジプト	勝	日本 78－74 エジプト（前半 31－46　後半47－27）
オーストラリア	負	日本 76－92 オーストラリア（前半 36－45　後半40－47）
キューバ	負	日本 63－108 キューバ（前半 34－51　後半29－57）
アメリカ	負	日本 33－99 アメリカ（前半 18－51　後半15－41）
セネガル	勝	日本 70－67 セネガル（前半 34－39　後半36－28）
フィリピン	負	日本 73－82 フィリピン（前半 38－34　後半35－48）

笠原成元・吉田正彦（1973）バスケットボール．第20回オリンピック競技大会報告書．日本体育協会・日本オリンピック委員会，pp.152-155.

4．男女アベック出場―モントリオールオリンピック―

　ミュンヘンオリンピックの大敗を受けて、日本代表はモントリオール
オリンピックに向けて早々に動き出した。監督には、ミュンヘンオリン
ピックでコーチを務めた吉田正彦が就任する。プレーヤーの大型化とい
う世界的な傾向を踏まえ、吉田体制では大胆な強化策に打って出た。代
表メンバー選考の最優先事項を「長身者」に設定し、選考基準として長
身であること、シュート力があること、走力があること、向上心・集中
力がありチャレンジ精神があることを定める[18]。その結果、日本代表の
顔ぶれは一新し、モントリオールオリンピックに出場した代表メンバー
のうちミュンヘンオリンピックの出場者は4名にとどまった。

　日本代表が目標とする平均身長は195cmだったが、さすがにそこに
は手が届かず、2m級のセンタープレーヤー3名を含んで平均190.3cm
のチームが出来上がった。平均身長では東京オリンピックを約7cm、
ミュンヘンオリンピックを約3cm上回る、それまでの日本バスケット
ボール史上稀に見る大型チームの誕生である。この頃になると、新興勢
力の中国が国際スポーツ界で台頭してくるが、日本はアジア勢では中国
に次ぐ長身チームとなっていた。

　1973（昭和48）年のアジア選手権は、代表メンバーの世代交代も影響
して4位となり、翌年の世界選手権の出場を逃してしまう。この時、日
本の大型化は進んでいたものの、センターの強化が課題として浮上して
いた。さらには、翌年にイランのテヘランで開かれたアジア大会で日本
は7位に沈み、オリンピック出場も危ぶまれる状況に追い込まれてしま
う。

　しかし、再起を誓った日本代表はこのままでは終わらなかった。代表
メンバーの国際大会の経験値が上がるに連れてチーム力を向上させると、
1975（昭和50）年のアジア選手権では中国に次ぐ2位に漕ぎ着ける。当
時、アジアからのモントリオールオリンピックの出場権は優勝国のみに
与えられることになっていたが、優勝した中国がIOCの加盟承認を得

られなかったために、日本が繰り上がって出場権を獲得した。以降、ア
ジアの強豪として君臨する中国の存在は、日本の男子バスケットボール
界がオリンピックから遠ざかる要因の一つとなる。

　オリンピックに向けて日本が採用した戦い方は、オフェンス面では
ピックアンドロールを軸にしたフリーオフェンスを行い、ディフェンス
面ではタイトにコンタクトして平面的な動きで優位に立つために、6種
類の守り方を駆使したチェンジングディフェンスが試みられた[19]。

　1976（昭和51）年7月、モントリオールオリンピックの男子バスケッ
トボール競技が開催された。史上最長身のチームで臨んだ日本代表だっ
たが、海外のチームはさらに巨大化したチームを送り込んできた。表5
は出場国の平均身長の一覧であるが、日本は参加チームの中で最も小さ
かったことがわかる。日本の関係者がこのことを知らなかったわけでは
ないが、ミュンヘンオリンピックから大幅にメンバーが入れ替わり、世
界選手権にも出場していない日本が世界との戦い方を肌で実感していた
とは言い難い。

　オリンピック本番では、日本はかつてない憂き目を見ることになった。
全6戦とも大差をつけられて敗北し、参加12ヵ国中11位となる。12位の
エジプトが途中棄権しているので、事実上の最下位である。およそ4年
間をかけて、かつてない大型化に成功して臨んだが、それでも世界レベ
ルの戦いで一矢報いることはできなかった。

　キューバ戦では、ハイペースな展開を抑えるために、ショットクロッ
クぎりぎりまでパスを回す戦い方を選択するが、これが皮肉にも日本の
攻撃の積極性を奪ってしまい大敗を喫するという一幕もあった[20]。東京オ
リンピックでは、じっくりパスを回してシュートチャンスをうかがうス
ローテンポな攻撃が功を奏したが、この日本の“十八番”は、次世代に
は受け継がれていなかったのである。

　監督の吉田正彦はモントリオールオリンピックを振り返り、センター
プレーヤーの技術レベルの向上や2m級選手の増加が必要だと説き、こ
の課題の克服なくしては世界の中位（5～9位）進出は難しいと指摘し

た[21]。それほど、海外チームの高さは衝撃的だった。4年前のミュンヘンオリンピックでは2m級のプレーヤーはゴール下にはり付くセンターが大半だったが、モントリオールオリンピックではフォワードポジションにも俊敏な2mプレーヤーを1人は配置することが常識となりつつあった。男子日本代表に対する国内の目線は厳しく、当時のバスケットボール専門誌は身長差以外にも「世界の高く厚い"カベ"に一歩でも近づくならば、まず精神的な強さを備えなければならないだろう。そしてその強さに加えて、シュート力、ドリブルのスピードに気をつけていく以外はないと思う。」[22]と的確なアドバイスを送った。

　もう一つ、国際バスケットボール界の動向として注目すべきは、南米型のバスケットボールが通用しなくなったことである。身長は大型ではないが豊かな運動能力に基づく個人技中心の南米的なスタイルは、ミュンヘンオリンピックまでは確かに見るべきものがあった。しかし、4年が経ち、今大会では南米スタイルは欧米の大型チームの前に駆逐されてしまった[23]。大型のプレーヤーを多数発掘し、そのプレーヤーに巧みな個人技を習得させることが、国際大会で上位進出するための至上命題になっていたといえよう。

　それでも吉田は、モントリオールオリンピックで主力になった大型プレーヤーたちが若手だったことから、次のモスクワオリンピックでは日本は中位（9位以上）に入れる可能性が十分にあると意気込んだ。

　モントリオールオリンピックは、日本のバスケットボール史上で唯一、男女のアベック出場が実現した大会だった（この大会から女子バスケットボール競技が五輪種目に採用）。1975（昭和50）年の世界選手権で準優勝に輝きモントリオール行きの切符を手にしていた女子日本代表は、男子よりもメダルが濃厚だと期待されていた。

　日本女子チームは実力こそ世界に認められていたものの、海外チームとの身長差は男子日本代表よりも開いていた。そのため、世界選手権で見せた攻防ともにオールコートでハイペースなバスケットボールに磨きをかける方針でモントリオールに乗り込む。尾崎正敏監督のもと、オリ

図3．1972年モントリオールオリンピックの日本対カナダ戦
日本バスケットボール協会編（1981）バスケットボールの歩み：日本バスケットボール協会
50年史．日本バスケットボール協会．

表5．モントリオール五輪男子出場国の順位と平均身長との関係

国名	大会順位	平均身長（平均身長順位）	2ｍ以上の人数
アメリカ	1位	197.7cm（5位）	5人
ユーゴスラビア	2位	198.9cm（3位）	7人
ソビエト	3位	200.3cm（2位）	5人
カナダ	4位	196.8cm（6位）	6人
イタリア	5位	202.3cm（1位）	8人
チェコスロバキア	6位	197.8cm（4位）	7人
キューバ	7位	194.3cm（8位）	1人
オーストラリア	8位	196.7cm（7位）	3人
プエルトリコ	9位	193.2cm（10位）	2人
メキシコ	10位	194.3cm（8位）	5人
日本	11位	190.1cm（12位）	3人
エジプト（途中棄権）	12位	190.3cm（11位）	1人

吉田正彦（1976）バスケットボール．第21回オリンピック競技大会報告書．日本体育協会・
日本オリンピック委員会，p.205.

表 6．モントリオール五輪　バスケットボール男子日本代表プレーヤー

氏名（年齢）	身長	体重	所属（出身大学）
監督　吉田 正彦（35）			日本鋼管（立教大）
阿部 成章（28）	178cm	70kg	日本鉱業（日体大）
千種 信雄（28）	187cm	78kg	住友金属（大商大）
森 哲（27）	191cm	85kg	住友金属（明治大）
結城 昭二（25）	184cm	78kg	住友金属（中央大）
藤本 裕（25）	177cm	70kg	日本鋼管（大商大）
沼田 宏文（24）	204cm	105kg	松下電子部品（同志社大）
桑田 健秀（23）	190cm	80kg	日本鋼管（慶應大）
斎藤 文夫（22）	202cm	85kg	中央大学
北原 憲彦（21）	201cm	100kg	明治大学
清水 茂人（23）	197cm	100kg	中京大学
浜口 秀樹（20）	195cm	103kg	拓殖大学
山本 浩二（23）	175cm	73kg	日本鋼管（明治大）

日本体育協会・日本オリンピック委員会（1976）第21回オリンピック競技大会報告書．日本体育協会・日本オリンピック委員会，pp.346-347.

表 7．モントリオール五輪における日本男子代表チームの対戦結果

対戦相手	結果	スコア
カナダ	負	日本 76－104 カナダ（前半 38－52　後半38－52）
メキシコ	負	日本 90－108 メキシコ（前半 41－57　後半49－51）
キューバ	負	日本 56－97 キューバ（前半 20－44　後半36－53）
ソ連	負	日本 63－129 ソ連（前半 37－61　後半26－68）
オーストラリア	負	日本 79－117 オーストラリア（前半 41－54　後半38－63）
プエルトリコ	負	日本 91－111 プエルトリコ（前半 44－59　後半47－52）

吉田正彦（1976）バスケットボール．第21回オリンピック競技大会報告書．日本体育協会・日本オリンピック委員会，p.206.

ンピックイヤーの1976（昭和51）年には、年明けから合計100日間にお
よぶ強化合宿を経て本番に備えた。

　オフェンス面では、ボールを獲得した地点からの素早い攻撃を、セッ
トオフェンスの要素も組み込んで展開することを趣旨とした。ディフェ
ンスはオールコートのマンツーマンをベースにして、補助的にマンツー
マンとゾーンを組み合わせた変幻自在のシステム（「忍者ディフェンス」
と呼ばれた）を準備した[24]。忍者ディフェンスはコートを3つのエリア
に分けて、エリアごとに異なる種類のディフェンスを仕掛ける複雑さを
持つ。その組み合わせのパターンは5つに及んだが[25]、世界選手権から
メンバーの入れ替わりがほとんどなかったことが、その習得と習熟を助
けることとなった。

　向かえたオリンピック本番、女子バスケットボール競技では参加した
6チームが総当たりで対戦するリーグ戦形式が採用された。初戦のアメ
リカ戦、続くカナダ戦に連勝してメダルは濃厚かと思われたが、チェコ
スロバキア、ブルガリア、そして当時世界最強のソ連に連敗して結果は
5位で終わる。

　日本は尾崎監督が編み出した多彩なディフェンス戦術を駆使してハイ
スピードなバスケットボールを展開したが、この消耗戦が勝敗を分ける
局面で仇となった感は否めない。大会7日目、2勝1敗で向かえたブル
ガリア戦は、勝利すると銀メダルの可能性が濃厚になるゲームだった。
残り8分で13点のリードを奪っていた日本は、ここから嘘のように攻撃
の足が止まりブルガリアの猛追を受け、ついには残り44秒で逆転を許し
てあえなく敗戦する。JOCの公式レポートは、この試合を「スピード
のバスケットは恐ろしい消耗を生む。もしその消耗が空白に結びついた
のだとしたら、これは悲劇的というほかはない。」[26]と表現した。

　しかしながら、圧倒的な身長差を跳ね返して世界の強豪国と互角に渡
り合う女子日本代表の姿は、日本のバスケットボール史の忘れ得ぬ瞬間
として刻まれることになった。

図4．1976年モントリオールオリンピックの女子日本対ソ連戦
日本体育協会・日本オリンピック委員会編（1976）第21回オリンピック競技大会報告書．日本体育協会・日本オリンピック委員会．

表8．モントリオール五輪　バスケットボール女子日本代表プレーヤー

氏名（年齢）	身長	体重	所属（出身高・大）
監督　尾崎 正敏（45）			タチカラ（早稲田大）
コーチ　石川 武（40）			日本体育大学（日体大）
脇田代 喜美（25）	177cm	72kg	ユニチカ（宮崎高）
山本 幸代（25）	167cm	59kg	ユニチカ（夙川学院高）
佐竹 美佐子（25）	178cm	73kg	第一勧業銀行（大妻高）
生井 けい子（24）	162cm	60kg	日本体育大学（日体大）
宮本 輝子（24）	165cm	53kg	ユニチカ（松橋高）
橋本 きみ子（23）	166cm	65kg	第一勧業銀行（千葉商高）
大塚 宮子（23）	170cm	58kg	日立製作所（市邨短大）
門屋 加寿子（22）	176cm	66kg	ユニチカ（聖カタリナ高）
青沼 令子（22）	181cm	73kg	ユニチカ（清泉女学院高）
林田 和代（22）	170cm	70kg	日立製作所（飯塚女子高）
松岡 美保（23）	165cm	58kg	ユニチカ（薫英高）
福井 美恵子（19）	184cm	65kg	ユニチカ（樟蔭東高）

日本体育協会・日本オリンピック委員会（1976）第21回オリンピック競技大会報告書．日本体育協会・日本オリンピック委員会，pp.347-348.

表9．モントリオール五輪における日本女子代表チームの対戦結果

対戦相手	結果	スコア
アメリカ	勝	日本 84−71 アメリカ（前半 49−42　後半35−29）
カナダ	勝	日本 121−89 カナダ（前半 56−41　後半65−48）
チェコスロバキア	負	日本 62−76 チェコスロバキア（前半 26−32　後半36−44）
ブルガリア	負	日本 63−66 ブルガリア（前半 37−33　後半26−33）
ソ連	負	日本 75−98 ソ連（前半 34−52　後半41−46）

尾崎正敏（1976）バスケットボール．第21回オリンピック競技大会報告書．日本体育協会・日本オリンピック委員会，pp.210-214.

5．オリンピック不参加の時代

　モントリオールオリンピックは男女ともに思うような成績は残せな
かったものの、バスケットボール日本代表チームは未来へとバトンを受
け渡す重要な役割を果たしたといえる。しかし、国際的な視野に立った
代表チームの強化はそう思い通りにいくものではなかった。その後の日
本代表は、男子はアジア予選で、女子は世界最終予選で敗退してモスク
ワオリンピックの出場権を逃してしまったのである。

　結局のところ、日本選手団そのものが国際政治の煽りを受けて、1980
（昭和55）年のモスクワオリンピックをボイコットするという歴史的な
転換点を迎えることになる。続く1984（昭和59）年のロサンゼルスオリ
ンピックでは、今度はソ連を中心とする東側諸国がボイコットするなど、
米ソの冷戦構造が国際スポーツ界に暗い影を落としていった。その影響
によって、モントリオールオリンピック（1976）からソウルオリンピッ
ク（1988）までの足かけ12年間、東西両陣営の国々がオリンピックの舞
台で相まみえる機会が失われてしまう。バスケットボールでいえば、オ
リンピックにおけるアメリカとソ連のライバル対決の復活を世界中のバ
スケットボールファンが待ち焦がれていた。

　モントリオールオリンピック以降、男子日本代表はオリンピックに出
場しておらず、女子日本代表の五輪復帰も20年後のアトランタオリン
ピック（1996）まで待たねばならなかった。この空白が、世界との実力
差を広げていったことはいうまでもない。

　1980年代は、モスクワオリンピック（1980年）、ロサンゼルスオリン
ピック（1984年）、ソウルオリンピック（1988年）が開かれている。この
いずれにも、バスケットボール競技に日本代表の姿を見ることはなかっ
た。当時、アジアでは男女ともに中国と韓国が着実に力をつけ、日本の
前に立ちはだかっていたのである。

　当時、日本代表の強化を見据えて、国内にて国際親善試合が多数組ま
れるようになった。世界の強豪国を招いて戦うことで、国際舞台で躍進

するための突破口を模索していたのである[27]。しかし、男子は1980年代に世界選手権に出場することはできず、女子は2度の出場を果たすがいずれも12位に低迷し、かつての輝きを取り戻すまでには至らなかった。

　この時代には、バスケットボールのルールに劇的な変更が加えられた。日本では1985（昭和60）年から採用された3ポイントルールである。ゴール下よりも高さから受ける脅威が軽減される外角エリアからシュートを決めれば、一挙に3点を獲得できるこのルールの登場は、特に1990年代の女子日本代表が国際舞台で復活を遂げる上で欠かせない武器（3ポイントシュート）を生み出すことになる。

6. オリンピックのプロ化と女子代表の復活
　　　―アトランタオリンピック―

　日本がオリンピックから遠ざかっている間に、世界のバスケットボールは新たな時代を迎えていた。オリンピックはプロ化の時代に突入し、バスケットボールでも1992（平成4）年のバルセロナオリンピックからプロバスケットボールプレーヤーの参加が認められたのである。オリンピックのバスケットボール競技は、それまでのアマチュア最強決定戦ではなく、文字通り世界最高峰の戦いが繰り広げられる大会へと変貌した。

　プロ化によって、オリンピックにはNBAプレーヤーが"ドリームチーム"を組んで出場するようになり、アメリカ代表は他を寄せ付けない圧倒的な強さを手にする。やがて、NBAがワールドワイドなリーグに移行するに連れて、アメリカ以外のオリンピック出場国にもNBAプレーヤーが含まれていることが珍しくなくなった。アマチュアに限定された時代と比べて、オリンピックのバスケットボール競技のレベルが格段に上がったのである。それは、オリンピック出場権を獲得するための予選会でも同様で、オリンピックのプロ化によって、日本は以前よりも戦いにくくなったことも一面の事実であろう。

　そんな中、世界への扉を先にこじ開けたのは女子の方だった。1995

（平成7）年のアジア選手権で3位となり、翌年のアトランタオリンピックの出場権を20年ぶりに獲得する。一方、男子も同年のアジア選手権で3位となるが、男子のアジア出場枠は2つだったために、同じ成績を残した男女で明暗が分かれる結果となった。

　バルセロナオリンピックの予選で敗退した後、日本の女子バスケットボール界は高校、大学、実業団の一貫した強化体制を継続させ、底辺の拡大とともに全体のレベルアップに努めていた。アトランタオリンピックへの出場は、その成果の一つだったといえよう。

　1996（平成6年）年7月、アトランタオリンピックが開幕した。近代オリンピック競技大会がはじまって100周年のメモリアルな大会である。

　日本代表は6位を目標として20年ぶりのオリンピックに挑戦し、結果は7位入賞を果たす。この時の代表チームは、高確率の3ポイントシュートを武器に海外のチームと互角に戦ったが、マンツーマンを主体とする4種類の守り方を使い分けるなどディフェンス面でも周到な準備を重ねていた[28]。参加国中、日本は平均身長で最も小さいチームだったが、独自のバスケットボールを披露し、世界にその存在を知らしめることに成功した。特に、女性版ドリームチームといわれたアメリカから93点を奪ったゲームは、中川文一監督の体制で6年間かけて作り上げた攻撃的なバスケットボールの集大成となる。

　監督の中川は、オリンピックで明らかになった今後の課題として、①インサイドプレーヤーを育成し充実させること、②このオリンピックに出場した主力メンバーが次のオリンピックまで続けられる環境を作ること、③国際ゲームを豊富に体験していくことを挙げた[29]。

　なお、アトランタオリンピックで活躍した萩原美樹子は、後に日本人初のWNBAプレーヤーとなり、日本の女子バスケットボールが本場アメリカでも通用することを証明した。

　1990年代、男子日本代表はオリンピックにこそ手が届かなかったものの、1997（平成9）年のアジア選手権で準優勝して、翌年の世界選手権の出場権を獲得した。本番ではセネガルに1勝したのみで14位で大会

図5．1996年アトランタオリンピックの女子日本対アメリカ戦
日本オリンピック委員会編（1997）第26回オリンピック競技大会報告書．日本オリンピック
委員会．

表10. アトランタ五輪　バスケットボール女子日本代表選手

氏名（年齢）	身長	体重	所属（出身高・大）
監督　中川 文一（48）			シャンソン化粧品（東京教育大）
コーチ　永井 祥剛（36）			日本電装（専修大）
コーチ　小牟禮 育夫（35）			積水化学（福岡教育大）
一乗 アキ（26）	180cm	65kg	シャンソン化粧品（広島商業高）
村上 睦子（25）	165cm	57kg	シャンソン化粧品（星城高）
大山 妙子（22）	173cm	68kg	ジャパンエナジー（東亜学園高）
萩原 美樹子（26）	180cm	73kg	ジャパンエナジー（福島女子高）
参河 紀久子（28）	168cm	58kg	ジャパンエナジー（明徳商業高）
山田 かがり（24）	178cm	70kg	シャンソン化粧品（名短付高）
加藤 貴子（25）	180cm	69kg	シャンソン化粧品（富岡高）
原田 裕花（28）	170cm	60kg	ジャパンエナジー（藤蔭高）
岡里 明美（21）	180cm	70kg	シャンソン化粧品（名短付高）
川﨑 真由美（23）	183cm	69kg	ジャパンエナジー（水戸二高）
永田 睦子（19）	178cm	73kg	シャンソン化粧品（純心女子高）
濱口 典子（22）	183cm	78kg	ジャパンエナジー（鶴鳴女子高）

日本オリンピック委員会編（1997）第26回オリンピック競技大会報告書．日本オリンピック委員会，pp.434-435.

表11. アトランタ五輪における日本女子代表チームの対戦結果

対戦相手	結果	スコア
ロシア	負	日本 63－73 ロシア
中国	勝	日本 75－72 中国
ブラジル	負	日本 80－100 ブラジル
イタリア	負	日本 52－66 イタリア
カナダ	勝	日本 95－85 カナダ
アメリカ	負	日本 93－108 アメリカ
ロシア	負	日本 69－80 ロシア
イタリア	勝	日本 81－69 イタリア

中川文一（1997）バスケットボール（女子）．第26回オリンピック競技大会報告書．日本オリンピック委員会，pp308-311.

を終えるが、31年ぶりの世界選手権を経験する。同じ頃、日本ではバスケットボールを題材とした漫画が爆発的な流行を見せる。井上雄彦の『スラムダンク』（1990〜1996年、週刊少年ジャンプにて連載）である。高校男子バスケットボールを描いたこの漫画は、国内の競技人口のみならずバスケットボールファンの急増に寄与することとなった。

7. 新世紀を迎えて
―アテネオリンピック・リオデジャネイロオリンピック―

　2000（平成12）年のシドニーオリンピックは男女ともに出場を逃したが、2004（平成16）年のアテネオリンピックには2大会ぶりに女子日本代表が出場する。

　この間の経緯をたどると、1999（平成11）年から北原憲彦が監督に就任してアテネオリンピックを目指す新体制がスタートした。しかし、2002（平成14）年の世界選手権とアジア大会での成績が振るわず、急遽、2003（平成15）年2月より内海知秀監督体制に移行してオリンピック予選に向けた強化を再開する。アジア予選の突破に向けては、モントリオール大会とアトランタ大会の成功例を引き継ぐ形で、3ポイントシュート、平面的なスピード、オールコートのディフェンスをキーワードに強化が進められた[30]。2004（平成16）年1月、オリンピック予選を兼ねて仙台で開催されたアジア選手権で、日本は韓国を再延長の末に破りアテネオリンピックの切符を手にした。

　2004（平成16）年8月に開催されたアテネオリンピックでは、予選リーグで地元ギリシャに大接戦の末敗れ、決勝トーナメント進出はならず、順位決定戦に回り10位でオリンピックを終える。アトランタオリンピックの成績を上回ることはできなかったが、海外の大型チームに平面的な戦い方で果敢に挑んだ日本代表チームは、伝統的に継承されてきた独自のバスケットボールを国際舞台で印象づけたのである。

　アテネオリンピックで復活を遂げたかに見えた女子日本代表だったが、

表12. アテネ五輪　バスケットボール女子日本代表選手

氏名（年齢）	身長	体重	所属（出身高・大）
監督　内海 知秀（45）			ジャパンエナジー（日体大）
コーチ　梅嵜 英毅（40）			日立ハイテクノロジーズ（日体大）
コーチ　萩原 美樹子（34）			早稲田大学（福島女子高）
楠田 香穂里（30）	165cm	57kg	ジャパンエナジー（小林高）
薮内 夏美（27）	175cm	65kg	日本航空（樟蔭東女子短大）
大神 雄子（21）	170cm	63kg	ジャパンエナジー（桜花学園高）
大山 妙子（30）	173cm	68kg	ジャパンエナジー（東亜学園高）
立川 真紗美（23）	171cm	61kg	ジャパンエナジー（横須賀商業高）
矢野 良子（25）	178cm	73kg	ジャパンエナジー（城北高）
紺野 麻理（24）	178cm	64kg	ジャパンエナジー（明星学園高）
永田 睦子（27）	178cm	73kg	シャンソン化粧品（純心高）
川畑 宏美（25）	181cm	72kg	ジャパンエナジー（福井商業高）
濱口 典子（30）	183cm	80kg	ジャパンエナジー（鶴鳴女子高）
矢代 直美（26）	182cm	70kg	日本航空（日体大）
江口 真紀（25）	184cm	73kg	シャンソン化粧品（九州女学院高）

日本オリンピック委員会編（2004）第28回オリンピック競技大会報告書．日本オリンピック委員会，pp.480-481.

表13. アテネ五輪における日本女子代表チームの対戦結果

対戦相手	結果	スコア
ブラジル	負	日本 62－128 ブラジル （①22－26 ②3－36 ③17－33 ④20－33）
ナイジェリア	勝	日本 79－73 ナイジェリア （①22－22 ②23－24 ③20－16 ④14－11）
オーストラリア	負	日本 78－97 オーストラリア （①20－26 ②15－30 ③10－26 ④33－15）
ロシア	負	日本 71－94 ロシア （①21－29 ②15－21 ③15－24 ④20－10）
ギリシャ	負	日本 91－93 ギリシャ （①15－27 ②26－20 ③22－16 ④28－30）
中国	負	日本 63－82 中国 （①12－20 ②17－10 ③19－21 ④15－31）

内海知秀（2004）バスケットボール．第28回オリンピック競技大会報告書．日本オリンピック委員会，pp.372-373.

図6．2004年アテネオリンピックの女子日本対ギリシャ戦
日本バスケットボール協会編（2011）バスケットボールの歩み：1980〜2000年代の30年を振り返って．日本バスケットボール協会．

オリンピックへの連続出場は叶わず、北京大会（2008）、ロンドン大会（2012）の出場を逃してしまう。

　ロンドンオリンピックの予選を終えて新たな強化策が導入され、日本代表メンバーのコア世代の若返りを図ること、個人の競技レベルを向上させること、精神面で国際大会に強いプレーヤーを育成することを主眼に計画が推し進められた[31]。その甲斐もあって、2013（平成25）年のアジア選手権では全勝で43年ぶりに女王の座を奪還する。翌年の世界選手権では予選リーグで敗退したものの、2015（平成27）年のアジア選手権では全勝で連覇を達成し、12年ぶりにオリンピックの舞台に返り咲いた。

　リオデジャネイロオリンピックに向けては、オフェンス面ではスピー

ドで押し切るだけではなく攻撃システムのバリエーションを増やし、ディフェンス面ではオールコートの守りを敷いて大きいポジションのプレーヤーがトラップを仕掛けてターンオーバーを誘うような戦術を浸透させた。また、日本の得点力を上げるには、パスで揺さぶるか１対１でアタックを仕掛けてディフェンスを崩す必要があると考えられ、アウトサイドのプレーヤーには縦に突破する技術やピックアンドロールを使って得点する技術の習得が要求された。さらには、世界との決定的な差は身体接触の強さにあるという認識から、筋肉量を増やしつつ、日本の長所であるスピードを損なわないトレーニングが行われている[32]。

　オリンピックまでには、通算95日間の強化活動期間が設けられ、チームとしての完成度が追求されていった。また、世界のサイズやプレーの強度に慣れるため海外遠征を含めた国際試合がマッチメイクされ、その試合数は合計で19ゲーム（12ヵ国と対戦）に及んだ。

　2016（平成28）年８月のリオデジャネイロオリンピック本番、地球の裏側で女子日本代表が躍動する。格上のチームを次々と退けて予選リーグを突破し、決勝トーナメント進出を果たす。準々決勝では女王アメリカに敗れるも、コート狭しと駆け回り素早い展開で積極的にシュートする日本の女子バスケットボールは、世界に十分通用することを証明した。この大会で日本はベスト８に進出し、一躍世界の覇権争いに名乗りを上げる。

　オリンピック終了後、監督の内海知秀は大会を総括して次のように述べ、来る東京オリンピックに向けて自信をのぞかせた。

　「リオデジャネイロ・オリンピックを総括すると、アメリカは別格の強さを持っているが、それ以外の国々には対等に戦える力を日本もつけてきている。格上の国々に勝利し、スピード、組織的攻撃、守備、外角シュートの確率、速いゲーム展開等まだまだ課題はあるものの、日本の特徴をしっかり出すことが出来た大会であった。」[33]

図7. 2016年リオデジャネイロオリンピックの女子日本対フランス戦
日本オリンピック委員会編（2017）第31回オリンピック競技大会（2016／リオデジャネイロ）
日本代表選手団報告書，日本オリンピック委員会.

表14. リオデジャネイロ五輪　バスケットボール女子日本代表選手

氏名（年齢）	身長	体重	所属（出身高・大）
監督　内海 知秀（57）			日本バスケットボール協会（日体大）
コーチ　梅嵜 英毅（52）			山梨学院大学（日体大）
コーチ　ホーバス トーマス（49）			JX エネルギー（ペンシルバニア州立大）
吉田 亜沙美（28）	165cm	61kg	JX エネルギー（東京成徳大学高）
王 新朝喜（28）	189cm	83kg	三菱電機（白鷗大）
栗原 三佳（27）	176cm	68kg	トヨタ自動車（大阪人間科学大）
高田 真希（26）	183cm	78kg	デンソー（桜花学園高）
間宮 佑圭（26）	184cm	75kg	JX エネルギー（東京成徳大学高）
渡嘉敷 来夢（25）	193cm	85kg	JX エネルギー（桜花学園高）
近藤 楓（24）	173cm	62kg	トヨタ自動車（大阪人間科学大）
本川 紗奈生（24）	176cm	65kg	シャンソン化粧品（札幌山の手高）
町田 瑠唯（23）	162cm	57kg	富士通（札幌山の手高）
宮澤 夕貴（23）	182cm	70kg	JX エネルギー（金沢総合高）
三好 南穂（22）	167cm	60kg	シャンソン化粧品（桜花学園高）
長岡 萌映子（22）	182cm	75kg	富士通（札幌山の手高）

日本オリンピック委員会編（2017）第31回オリンピック競技大会（2016/ リオデジャネイロ）
日本代表選手団報告書，日本オリンピック委員会，pp.646-647.

表15. リオデジャネイロ五輪における日本女子代表チームの対戦結果

対戦相手	結果	スコア
ベラルーシ	勝	日本 77－73 ベラルーシ （①26－21 ②15－19 ③19－20 ④17－13）
ブラジル	勝	日本 82－66 ブラジル （①19－20 ②28－13 ③26－19 ④9－14）
トルコ	負	日本 62－76 トルコ （①9－24 ②14－14 ③16－19 ④23－19）
オーストラリア	負	日本 86－92 オーストラリア （①24－23 ②26－25 ③21－11 ④15－33）
フランス	勝	日本 79－71 フランス （①17－19 ②23－13 ③23－22 ④16－17）
アメリカ	負	日本 64－110 アメリカ （①23－30 ②23－26 ③13－25 ④5－29）

内海知秀（2017）バスケットボール（女子）．第31回オリンピック競技大会（2016/ リオデジャネイロ）日本代表選手団報告書．日本オリンピック委員会，pp.447-450.

【文献】
1 ）植田義巳・吉井四郎・古川幸慶・渡辺直吉・鈴木正三・畑龍雄（1981）座談会
　ユニバーシアード東京大会．バスケットボールの歩み：日本バスケットボール
　協会50年史．日本バスケットボール協会，p.212
2 ）吉井四郎（1968）1967年ユニバーシアード東京大会（男子）第 4 回アジア男子
　バスケットボール選手権大会報告．バスケットボール，80：4.
3 ）同上：5.
4 ）日本バスケットボール協会編（1981）バスケットボールの歩み：日本バスケッ
　トボール協会50年史．日本バスケットボール協会，p.206
5 ）吉井四郎（1968）男子バスケットボール．1967年夏季1968年冬季ユニバーシアー
　ド大会報告書．日本体育協会，p.135
6 ）同上，p.130
7 ）吉井四郎（1968）1967年ユニバーシアード東京大会（男子）第 4 回アジア男子
　バスケットボール選手権大会報告．バスケットボール，80：7-8.
8 ）同上：10.
9 ）同上：23.
10）同上：26-28.
11）日本バスケットボール協会編（1981）バスケットボールの歩み：日本バスケッ
　トボール協会50年史．日本バスケットボール協会，p.222
12）笠原成元・吉田正彦（1973）バスケットボール．第20回オリンピック競技大会
　報告書．日本体育協会・日本オリンピック委員会，p.152.
13）同上，p.152.

14）日本バスケットボール協会編（1981）バスケットボールの歩み：日本バスケットボール協会50年史．日本バスケットボール協会，p.218.

15）同上，p.214.

16）同上，pp.222-223.

17）笠原成元・吉田正彦（1973）バスケットボール．第20回オリンピック競技大会報告書．日本体育協会・日本オリンピック委員会，p.156.

18）吉田正彦（1976）バスケットボール．第21回オリンピック競技大会報告書．日本体育協会・日本オリンピック委員会，p.203.

19）同上，pp.203-204.

20）モントリオールオリンピック（1977）バスケットボールイラストレイテッド，12（3）：20.

21）吉田正彦（1976）バスケットボール．第21回オリンピック競技大会報告書．日本体育協会・日本オリンピック委員会，p.208.

22）モントリオールオリンピック（1977）バスケットボールイラストレイテッド，12（3）：28.

23）吉田正彦（1976）バスケットボール．第21回オリンピック競技大会報告書．日本体育協会・日本オリンピック委員会，p.208.

24）尾崎正敏（1976）バスケットボール．第21回オリンピック競技大会報告書．日本体育協会・日本オリンピック委員会，p.209.

25）日本バスケットボール協会エンデバー委員会編（2011）考察「忍者ディフェンス」．エンデバーのためのバスケットボールドリル4．ベースボール・マガジン社，pp.143-150

26）日本オリンピック委員会編（1977）バスケットボール．JOC公式レポート第21回オリンピック競技大会モントリオール・オリンピック．講談社，p.206

27）日本バスケットボール協会編（2011）バスケットボールの歩み：1980〜2000年代の30年を振り返って．日本バスケットボール協会，p.65

28）中川文一（2010）女子日本代表ディフェンスの変遷．中学高校バスケットボール，4（3）：87.

29）中川文一（1997）バスケットボール（女子）．第26回オリンピック競技大会報告書．日本オリンピック委員会，p.213.

30）内海知秀（2004）バスケットボール．第28回オリンピック競技大会報告書．日本オリンピック委員会，p.371.

31）内海知秀（2017）バスケットボール（女子）．第31回オリンピック競技大会（2016/リオデジャネイロ）日本代表選手団報告書．日本オリンピック委員会，p.444.

32）同上，p.445.

33）同上，p.452.

さいごに

　2013（平成25）年９月、ブエノスアイレスで開催された IOC 総会にて、2020（令和２）年夏の東京オリンピック・パラリンピックの招致が決定した。しかし、バスケットボール競技では自動的に開催国枠が与えられることはなく、FIBA は世界選手権でベスト16に相当するレベルに到達することがオリンピック出場の条件だと日本に通達する。この点、リオデジャネイロオリンピックで８位と躍進した女子日本代表は「当確」と目されていたものの、モントリオールオリンピック以来五輪から遠ざかっている男子代表の出場は絶望的とまでいわれていた。

　一つの転機となったのは、2016（平成28）年のＢリーグ開幕である。Ｂリーグが誕生し、エンターテインメント性に加えて、スピーディな展開に躍動感あふれるプレーなど、バスケットボールに備わっている特徴に惹かれ、多くの人が試合を見に行くようになった。メディアの露出も増え、歓声を浴びながらプレーすることでプレーヤーのモチベーションも上がり、プレーの質も着実に向上した。日本のサッカー界がＪリーグ発足をきっかけにステップアップしたように、バスケットボール界もＢリーグを追い風に躍進の時を迎えたのである。

　時代は前後するが、2004（平成16）年に日本人初の NBA プレーヤーとなった田臥勇太の存在も大きかった。173cm と小柄な日本人が世界最高峰リーグのコートに立ったことは、国際舞台で諸外国の高さに圧倒され続けてきた日本にとって大きな希望だった。その後、アメリカをはじめ海外に挑戦する日本人が急増する。サッカーや野球がそうだったように、バスケットボールも先人たちが海外挑戦の道を切り拓いたことで、

有能な日本人プレーヤーたちの志も世界へと向いた。そして、田臥に続いて渡邊雄太、八村塁というNBAプレーヤーが相次いで誕生し、彼らは日本代表の救世主にもなったのである。

　2019（平成31）年2月、男子日本代表は世界選手権の出場を決め、この活躍が評価されて44年ぶりにオリンピック出場権を獲得した。その背景には、海外組や帰化プレーヤーの活躍もあったものの、国内のBリーグでプレーする代表メンバーたちのレベルアップがあったことは見逃せない。以前よりも代表チームの強化に時間がかけられるようになり、国内組はシーズンの合間に強化合宿を繰り返すなど、ハードスケジュールをこなしてチームとしての完成度を高めたことが、男子代表の躍進の原動力となった。世界選手権は5戦全敗（32チーム中31位）で終えたものの、アメリカをはじめ世界の強豪の実力を肌で感じたことは東京オリンピックに向けて貴重な経験値を日本にもたらした。

　いま、日本のバスケットボールは男女ともに急成長の時代を迎えている。本書において語られてきたように、バスケットボール日本代表は世界の「高さ」や「強さ」に対抗するために、挑戦と失敗を絶えず繰り返しながら不屈の精神で成長を遂げてきた歴史を持つ。

　2020（令和2）年の夏、男女の日本代表が地元の声援を背に世界の階段を駆け上がっていく姿をはっきりとイメージすることができる。まさに、機は熟した。

　最後に本書を世に送り出す機会を与えて下さった齋藤哲三郎氏に深甚なる感謝を申し上げる。著者一同、齋藤氏の流通経済大学出版会における最後の仕事に携われたことを誇りに思っている。

著者一同

【監　修】
清水　義明
バスケットボール日本代表　元ヘッドコーチ
日本体育大学　名誉教授

【執筆者】
小谷　究
流通経済大学・スポーツ健康科学部・スポーツコミュニケーション学科　助教
同大学バスケットボール部ヘッドコーチ
谷釜　尋徳
東洋大学・法学部・法律学科　教授
同大学バスケットボール部女子部ヘッドコーチ
芦名　悦生
日本体育大学大学院　博士後期課程
渡邊　瑛人
日本体育大学大学院　博士前期課程
東洋大学バスケットボール部女子部コーチ

【協　力】
秋田　梨奈・太田　朋花
RKU BASKETBALL LAB

【表紙イラスト】
田村　大

籠球五輪
バスケットボール・オリンピック物語

発行日　2020年1月24日　初版発行

監　修　清　水　義　明
著　者　小　谷　　　究
　　　　谷　釜　尋　徳
　　　　芦　名　悦　生
　　　　渡　邊　瑛　人
発行者　野　尻　俊　明
発行所　流通経済大学出版会
　　　　〒301-8555　茨城県龍ヶ崎市120
　　　　電話　0297-60-1167　FAX　0297-60-1165